D1704201

Hermann Hofmann   Strouröseli

Bärndütschi Gschichte u Gedicht
us vergangene Zyte

Hermann Hofmann

Strouröseli

Bärndütschi Gschichte u Gedicht
us vergangene Zyte

Zämegstellt u useggä
vom Heini Hofmann

LICORNE

I dankbarer Erinnerig
a my Frou Rösli

Hermann Hofmann

Alle Rechte der Vervielfältigung, der Fotokopie
und des auszugsweisen Nachdrucks vorbehalten.

4., unveränderte Auflage 2003
(Erstauflage 1988)

© Copyright Licorne-Verlag, Bern Langnau Murten
Verleger: Markus F. Rubli, Murten
Herausgeber: Heini Hofmann Jona / Rapperswil
Umschlagillustration: Hans Beutler, Büren a. d. A.

ISBN 3-85654-880-7

Verlagsgründung 1844
durch Friedrich Wyss in Langnau im Emmental

http://www.licorne.ch

Inhalt

Derzue e Zylete Gedicht, ygströit zwüsche Gschichte

Verehrti Läserin, liebe Läser

Wen ig däm Buech vo mym Vatter es paar Wort darf vorus-
schicke, so het das sy Grund, vowäge d Entstehigsgschicht isch
ganz e bsunderi. Eso wi me binere spezielle Glägeheit en edle
Tropfe Rote vo zhinderscht us em Chäller füreholt, wo dert
gschlummeret het u derby immer chöschtliger worden isch, prezys
eso isch's em schriftstellerische Wärch vom Vatter ergange. Aber
fange mer voren aa:

Es isch emal es schwarzes, unschynbars Carnet gsi. Im Hustage
1919 het's der Vatter als Prögeler imene Lade z Thun a der Houpt-
gass gchouft – für Gedicht dryzschrybe. Der Dütschlehrer het ihm
i der Schuelstuben uf em Schlossbärg dennzumal a ds Härz gleit:
«Gedicht sy Kunschtwärch u ghöre nid i nes gwöhnlechs Schuel-
heft.»

Dä Rat het sech später als Samechörnli erwise. Wo der Vatter
vom Progi i ds Seminar überträtten isch, het er i sys Ggöferli o ds
schwarze Carnet ypackt. Z Hofwil u später im Mansardestübli z
Bärn het er vo nöiem drygschribe, wider Gedicht – aber dismal säl-
bergmachti. D Saat isch ufggange u grösser worde. O won er du
scho isch Lehrer gsi z Uetedorf, sy gäng ume nöji Gedicht us syre
Fädere derzuecho. Es paari dervo sy i däm Strüüssli Strouröseli, wo
dihr jitz i de Hände heit, ygströit.

Wo 1922 eine vo syne Brüeder isch chrank gsi, het der Vatter
müesse Nachtwach halte. I däne länge, stille Stunde syn ihm viili
Gedanke düre Chopf; är het sen ufgschribe – u derby näb der Lyrik
es nöis Talänt entdeckt: d Prosa.

Im Louf vo de Jahre sy du e ganzi Reihe vo Gschichten u Sage
entstande, wo verschidentlech i Zytige u Zytschrifte sy abddruckt
oder im Radio vo ihm sy vorgläse worde. Aber o für en Unterricht
het se der Vatter bbruucht; my Brueder Ueli un ig, wo beid zuen ihm
z Schuel ggange sy, tüe nis no gärn a die Vorläsigsstunden erinnere.
U we einersyts der Brüetsch brueflech i Vatters Fuessstapfe
wytersggangen isch u andersyts ig hütt zu der schrybende Gilde
ghöre, so darf me wohl aanäh, dass o bi üs beidne so nes Same-
chörnli Wurzle gschlage het.

Wi gseit, di meischte Gschichte u Gedicht het der Vatter also vor rächt langer Zyt gschribe. Währed de Jahre vo der Gränzbsetzig het du aber d Muse müesse zrüggstah. U später het sech der Vatter – näb em Bruef als Lehrer, won er mit Lyb u Seel gläbt het, u näb syr Lieblingsbeschäftigung im Garte – vor allem als Lokalkorreschpondänt vo verschidene Zytige, als Dorfchronischt, Verfasser vo Jubiläumsschrifte u inere Zylete ehrenamtliche u gmeinnützige Ämtere betätiget, u derby isch d Schriftstellerei echly i Hindergrund trätte.

Währed viile Jahre het sech der Vatter du ganz der Pfleg vo üsere leider schwär erchrankte Mueter gwidmet, won ihm als Frou u Läbeskameradin gäng hilfrych u fröhlech zur Syte gstanden isch u o ganz alei zu üs Giele gluegt het, won är rund zwöituusig Dienschttag für ds Vatterland gleischtet het.

Wo d Mueter nach langem Chranksy für immer ygschlaaffen isch, het füre Vatter plötzlech d Zyt vom Aleisy aagfange. Wil är, obschon damals bereits 85jährig, gäng no bi beschter Rüschtigkeit gsy isch, hei mer zäme beschlosse, syner Gschichte u Gedicht us vergangene Zyte wider füreznä. U wil mer gfunde hei, dass ds Gedankeguet vo dennzumal o hütt no, meh weder nid, gültig sygi u zuglych es Zytdokumänt darstelli, sy mer rätig worde, öppis Blybends druus z mache.

Als Buechtitel het üs „Strouröseli", der Name vomene Gschichtli us Vatters Buebezyt, sinnrych gschune. Strouröseli, wo früecher im Winter mängi Stube gschmückt hei u wäge ihrer schlichte Schönheit so öppis wi nes Symbol sy für ds Beständige, ds Choschtbare u ds Erhaltenswürdige. Alli Gschichte ergä zäme sozsäge nes literarisches Strüüssli vo Blüemlene, umfäcklet vo Pfyfolterli i Form vo de ygströite Gedicht – so wi's der gmeinsam Fründ vom Vatter u mir, der Künschtler Hans Beutler, uf em Umschlagbild träffend dargstellt het.

Es isch für e Vatter e Fröid gsy, öich, verehrti Läserin u liebe Läser, das Strüüssli z überreiche i der Hoffnig, dass dihr dermit es paar chöschtlegi Stunde mögit verbringe.

Uetedorf/Jona, im Früelig 2003   *Heini Hofmann*

Mys erschte Schätzeli

Wi mys erschte Schätzeli usgseh het, chan i hütt mit em beschte Wille nümme säge. 's isch äbe scho gar lang siderhär. Numen eis weis i no: 's isch es liebs Chrottli gsi, dass nüüt eso, un i bi an ihm ghanget wi ne Chlätte. Win i zu däm wättermänts Nöggeli cho bi, weis i o nümme. Ufdsmal isch es eifach mys gsi, un i hätt's um alls Guld i der Wält nümme häreggä. Änneli het es gheisse. Es isch fryli e Zylete Jahr elter gsi weder ig, aber o a däm ha mi nid es Chydeli gstosse. Im Gägeteil, ig chlyne Stöderi, wo dennzumale chuum so gross bi gsi wi ne Mäubelestock u no lang nid i d Schuel ggange bi, ha ne grüüselige Stolz druffe gha, dass usgrächnet ig bi däm tuusigwüchige Änneli e Stei im Brätt ha gha. Han i mym Müeti chönne etwütsche, de bin i was-gisch-was-hesch d Stägen acheghaset u ha nid lugg gla, bis dass i bi mym Schätzeli gsi bi.

Änneli het wägergwüss o a mir chönne Fröid ha; gfölgiger als ig hätt bim Hagelischies kei andere chönne sy. Isch es i Garte use ga jätte, so han ihm ds Chrättli nachetreit; het's d Öpfel u d Bire ir Hoschtet zämegläse, so bin ihm dür ds nasschalte Gras uus nachegstögelet u ha mitghulfe u wäger nie der Verleider übercho; isch es am Aabe d Hüener ga ytue, de bin ihm der tubewyss Fahrigüggel ga zuechejage u ha mi nüüt gförchtet, we dä Uflat scho mängisch isch luttertoube uf mi zue cho z fäckne u ta het wi ne chlyne Füürtüüfel.

Vor Fröid ufggange wi nes Öpfelchüechli bin i ersch de no, wen i am Sunntignamittag mit Änneli ha chönne ga spaziere. Potz Wält, das het öppis by mer chönne! De han i albe ne Meinig u ne Stolz gha u der Hübu glüpft wi nes übermüetigs Gutscherössli. Dür di grüentschelige Matte bin i wi nes Zabiäckli gscheichlet, ha hampfelewys Söiblueme, Chirbeleblüescht u Margritli abgstrupft u se Änneli bbracht.

U we's mer de mit eme heitere Lächle ddanket u mit mer narochtig ta u ggangglet oder mi sogar a nes Ärfeli gno het, de wohl, de isch de das ume Wasser gsi uf my Müli. Gleitig wi ne

Hurrlibueb bin i drufache amene sunnige Högerli oder amene hilbe Börtli zuepächet u ha alli Blüemli zämegramisiert, wo mer i d Ouge gstoche sy.

Öppen einisch isch es o vorcho, dass i toube bi gsi über mys Schätzeli; eso schützli het mi das albe erhudlet, dass mer ds Ougewasser isch cho z südere. Am grüüsligschte i Gusu bin i cho, wen em Nachbers Meieli, wo glych alt isch gsi win ig, zu Änneli isch cho visitle un ihm de albe gflattiert u gchüderlet u gchlöönet het, dass es mängisch bald kei Gattig het gha.

Einisch het Änneli ir Stuben inne Umhäng gglettet. I bin ihm behilflech gsi u han ihm us em Wöschchorb eis Umhängli um ds andere zuecheggä. Es het mi grüemt u mer gseit, i syg e wärchige, aagriffige u ne liebe Härzchäfer, u wen es de fertig syg mit Glette, de mües i ne Ankeschnitte u nes Müntschi ha. Myner Ouge hei bi däne Worte aafa lüüchte wi chlyni Sunneli. I ha ne grüüseligi Fröid verspürt, un es het mi ddüecht, i möchti am liebschte all Tag mym Änneli Umhängli recke.

Wo vom Wöschchorb bald der Boden isch fürecho, isch ufdsmal d Türen ufggange, u ds Nachbers Meieli het ycheglüüsslet. Änneli het ihm grüeft u zuen ihm gseit, es chönn cho hälfe. Daas hingäge het mer du nid rächt i ds Chrättli passt. U won i nach em Glette ne Ankeschnitte, aber keis Müntschi übercho ha, da hätt i däre Hudu-Meiele vor Töibi chönne i d Haar fahre u se vertschuppe. Grad die isch tschuld gsi, dass i um ds Müntschi cho bi.

E paar Tag später isch e Draguner zum Huus gritte. Är isch uf eme fyschterbruune Ross ghocket, het e glänzige Sabel am Sattel aaghäicht gha un uf em Tschaggo ne schwarze Struuss trage. Vor der Bsetzi isch er abgstige. I bi underem Cheschteleboum gstande u ha dä toll Soldat u das chreftige, schöne Ross nid gnue chönne aaluege.

I däm Ougeblick geit d Hustür uuf — Änneli, mys Änneli chunt cho usezflüge, gumpet em Draguner i beid Arme — u was macht's ? Es git ihm es chlepfigs Müntschi, u wäger grad daas, won es mir het versproche gha.

Mys Büebli

Mys Büebli lacht u chäderet
U zablet mit de Bei;
Es spilt u lärmt u tschäderet
U nuuschet allerlei.

Mit syne Händli, zart u fyn,
Verrupft's es sydigs Band;
Es lüüchtet gäng wi Sunneschyn
U öiglet umenand.

Ob's wätteret, ob's chutte tuet,
Ob's rägnet oder schneit,
Mys Büebli het gäng heitre Muet
U weis no nüüt vo Leid.

Müetis Säge

Am Himel glänzt es guldigs Band
U lüüchtet übre Wulchewand;
Es Glöggli lüttet lys i ds Land,
U ds Müeti schwygt u drückt mer d Hand.

Bim Brünnli blybt es lang no stah
U winkt mer zue u luegt mer nah,
U won i ume Wägrank gah,
Da isch's mer, ds Härz tüei lütter schla.

U jitze ghören i e Schritt,
U öpper seit: «Du kennsch my Tritt.
Der Säge bin i, wo dir git
Dys Müeterli i d Frömdi mit.»

Strouröseli

Ds Läbe chunt mer mängisch vor wi ne Wäg, wo us eme bluemige Talgrund obsigfüert, sunnige Hänge nahchlätteret, über ne breitrüggige Hoger sech hiziet u nachhär süüferli hinderachegeit, der Schattsyte nah, töiffer u töiffer, u sech wyt unde verliert, imene andere Talgrund, wo chalti Näbelschleier i de Böime flattere, wo d Blüemli erfrore a bbrochne Stängle hange, u d Bäch müed zwüsche graue Steine schlyche.

Mir alli göh der glych Wäg — der Fründ u der Find, der Rych u der Arm, du un ig.

Im bluemige Talgrund unde fa mer ne aa. Nid jede geit bis hinderuse. Am Wäg stöh Chrüz, viil tuusig Chrüz. Der Herrgott het se häregstellt, i ds blüejige Land, a sunnig Hang, uf di wyti, freji Höchi, a d Schattsyte un i fyschter Grund.

Jedes Chrüz wartet uf öpper, ds einte uf mii, ds andere uf dii. Mir chöi nid uswähle; es git hie keis Vorrächt.

We me uf sym Läbeswäg di wyti, freji Höchi erreicht het oder vilicht sogar der Schattsyte nahwanderet, verwylet me gärn vo Zyt zu Zyt es Rüngli u luegt zrügg uf das, was hinder is ligt: ufe bluemig Talgrund, ufe sunnig Hang, uf ds Vergangene, uf d Jugedzyt.

U de touche Bilder uuf, wo eim ds Härz warm mache. Erinnerige wärde wach u lüüchten uuf wi d Strouröseli zsälbisch i Mueters Garte.

Unschynbari Blüemli syn es, Blüemli, wo früecher vor mängem Burehuus glüüchtet hei. Mys Müeti aber het se bsunders in Ehre gha. Si hei i üsem Garte nid dörfe fähle. Jahr für Jahr hei si im Blüeje mit vile andere Blueme gwettyferet.

We mi d Mueter i myr früechschte Jugedzyt amene Sunntignamittag uf em Arm i Garte usetreit het, han i d Strouröseli dörfen aaluege oder sogar es paar abrupfe. Später, won i ohni Hilf uf eigete Füess desumegfägiert bi, han i glägetlech chönne beobachte, wi d Mueter ime freie Momänt düre Garten uus gspaziert isch u sech bi de Strouröseli verwylet het.

U meh weder nid isch es vorcho, dass si e Buschele i ihrne verwärchete Händ i d Stube bbracht u se uf der Gumode näbe ds Grosmüetis Fotografie i ne chachelgschiiregi Vase gstellt het. Wasser het si ne keis ggä, absichtlech nid; vowäge si het d Strouröseli wölle la dürr wärde, damit si o im Winter es paar Blüemli heig, für d Stube heimelig u wohnlicher z gstalte.

We d Röseli usddorret sy gsi u ihrer Bluemeblettli bim Aarüere gchräschlet hei wi ne Hampfele chlingeldürrs Strou, hei si fryli nümme glüüchtet wi im Spätsummer im Garten usse. Un es sy Wuche cho, wo si wi vergässe uf der Gumode gstande sy, bleichfarbig u ohni Läbe.

Vo Zyt zu Zyt het d Mueter der Stoub, wo sech i d Blüetli gsetzt het, usegschüttlet, u de hei di strouige Bluemebletter im Sunneliecht wider gglänzt, wi we me se gölet hätt.

Zgrächtem z Ehre cho sy si zwar ersch bim Ywintere. We's mit em Dussewärche glugget het, we d Tage chürzer worde sy u di chalte Novämberstürm us em Nussboum hinder der Schüür, us em Cheschteleboum bim Holzschopf un us em Saarboum näb em Brunne ds gälb Loub i Hof achegwähjt hei u z ungsinnetem über Nacht di erschte Schneewulchen i de Gantrischflüe un im Gurnigelwald obe ihri glitzerigi Ladig usgläärt hei, de isch für üs Bursch e schöni Zyt aagrückt, e Zyt, wo ne bsundere Reiz het gha u die nis vorcho isch wi ne Feschtzyt, äbeso schön wi d Wienacht, ds Nöijahr oder d Oschtere.

Mit der Vorfänschterputzete het's aagfange. Für d Mueter het das fryli öppe nid grad nach Feschtzyt usgseh. Im Gägeteil, bim Brunne im zügige Hof het si müesse Fänschter für Fänschter riblen u fäge, bis keis Stöibli meh uf de Schybe ghocket isch. U bi aller Arbeit het si gäng no uf üs quäcksilberig Zwaschple müesse luege un is wehre u z Ornig wyse, damit's nid öppe no Schärbe gäbi.

Sy d Vorfänschter troche gsi, het se der Vatter aaghäicht, u de isch mer üses Huus wi gsunntiget vorcho, un es het mi ddüecht, es luegi mit glitzerige Öigli heiter un uflig i d Wält use u heigi Usschou nach verlorne Sunnestrahle, für se yzlade, si sölle nume fräfeli dür ds lutter Glas i d Stuben ycheschlüüffe u dert verwyle u wyterslüüchte, wuchelang, bis em Winter sy Chraft bbroche syg.

«So, Buebe», het d Mueter gmeint, wo ihres Wärch isch fertig gsi, «jitz cha's de mynetwäge cho hurnible u strubuusse. Der Chelti hei mer der Rigel gsteckt. Es fählt nume no ds Miesch zwüsche de Fänschter. Morn namittag göh mer aber uf d Widerhueb ueche zu Fridli Isaak. Dihr müesset nöi Holzböde ha, di alte sy düre u verwachse. U de chöit'er de grad dert oben im Wald es Chörbeli voll Miesch zämeramisiere.»

U richtig, am Tag druuf isch d Mueter mit is gäge d Büelti, vo dert grediueche u bim Chüejerhüsi verby, wo Stumpeneisi u Muri Marianneli, zwöi alti Läbchuechefroueli, ghusaschtet hei. Der Wäg isch stotzig gsi, aber d Fröid im Härze het is ohni Müei i d Höchi ghulfe.

Nöi Holzböde! Das het öppis wölle heisse! Chöit mer's gloube, mir hei die dennzumale meh gschetzt als mängs verwöhnts Chind hüttigstags en elektrischi Ysebahn oder anders chöschtligs Züüg.

Fridli Isaak isch zoberscht uf der Widerhueb, ganz naach bim Wald, imene wätterbruune, heimelige Holzhuus mit sunneverbrönntem Schindeldach, wo über d Gadelouben usgreckt het, daheime gsi. Dert obe het er bbüürlet, mit syr Frou es Küppeli Chind zu brave u rächtschaffene Möntsche erzoge un ir Zwüschezyt, we's im Dussewärche Lücke ggä het, i eire vo syne nidere Stube gholzbödelet u sech so ne chlyne, bescheidene Näbeverdienscht gsicheret.

Mi het's ddüecht, es schöners Plätzli als Fridli Isaaks Heimetli chönn me wytume niene finde, un es isch eim da obe vorcho, wi we me em Himel fei echly näächer wär. Uf üses Dörfli ache het me gseh, wo d Hüser wi Schäfli im Sunneliecht gläge sy, u wyt zdürab i ds Gürbital un übere ufe Längebärg.

Im Hoschtetli näb em Huus hei jede Früelig buschelewys d Schneeglöggli glüüchtet u d Abarelleglogge bblüeit, un us em Studehag vor em Wald het der wild Flider züntet u herrlech gschmöckt.

Dass Fridli Isaak uf sym Güetli ne zfridene u gnüegsame Maa

bbliben isch, wo keiner gross Aaspruch a ds Läbe gstellt u für all Lüt, o für üs Buebe, gäng es fründlechs Wort fürig gha het u meh weder nid zumene Gspässli isch ufgleit gsi, het ihm Sympathie ytreit u bim Holzbödele ghulfe d Chundschaft mehre.

Es isch eigetümlech, wi d Erinnerig a settig eifachi Lüt uf Jahrzähnti use früsch u jung blybt u wi ne chöschtlige Glanz gäng vo nöiem eim ds Härz wermt. U drum isch's o nid verwunderlech, dass mir Buebe a sälbem Namittag im Wintermonet näb der Mueter y wi übermüetegi Gitzi hogeruuf, der Widerhueb zue, gstäcklet sy.

Fridli Isaak isch, wo mer i d Stube sy cho, bim Fänschter ghöcklet u het nöien öppis ddopplet. D Mueter het ihres Aalige vorbbracht, u mir Chnüüsse sy, chuum dass mer ggrüesst hei gha, uf di nigelnagelnöie Holzböde losgschosse wi d Habche.

Ar Wand sy si ghanget, schön gordnet, eis Paar näb em andere. Chächs Läder, warm gfüeteret, dicki Böde u — was d Houptsach für üs Pfüderi isch gsi — obefür ygfasset mit zwöifarbige Bändel, grüen u rot, blau u grüen, schwarz u gälb, rot u schwarz, i allne mügliche Zämestellige. I cha nume daas säge: Ärdeschön Holzböde syn es gsi, fürnähm, dass nüüt eso! U näbeny sy d Böde gschwerzt gsi u hei gglänzt wi em eltischte Brueder sy Guidetschaggo — u das wott öppis heisse!

Wo jede nach langem Hin u Här syner Holzböde het usegläse gha u der Mueter nümme anders isch übrigbblibe als z zale, sy mer drufache hinderume düre Wald ab heizue gstöffelet u hei jitz no hurti üses Wydlichörbli mit Miesch, wo mer i grosse Fläre vo alte Boumstöcke un überwachsne Steine abzoge hei, bis obenuus gfüllt.

Der Waldboden isch zueddeckt gsi mit bruunem, verwähjtem Bucheloub, un es het grüüschelet u gchräschlet, we mer i üser Übermüetegi wi di Halbwilde derdür ghaseliert sy. D Fröid im Härze het is völlig über all Stöck u Steine gjagt.

Däichet doch — nöi Holzböde! Farbig ybbändlet u ds Übergschüe glänzig wi mit Späckschwarte gsalbet! U das isch de öppe no nid ds Änd vom Lied gsi, bhüetis nei! Daheime isch ds Fescht wytersggange. Nid für nüüt hei mer en Umwäg düre Wald gmacht u Miesch gsuecht, fyschtergrüens Miesch, aazrüere wi gchrüseleti Schafwulle u warm wi Ändifinke.

Sogar der Bäru, üse Bärnhardinerhund, het mögen ernäsle, dass öppis Bsunders umen isch. Übere Hof y isch er i Fröidesätze uf is zuecho u het ta wi lätz. Är isch an is uecheggumpet, het gwädelet un am Wydlichorb umegschmöckt u derzue sy sametegi Schnouze i ds Miesch ddrückt.

Drufache sy mer i d Stuben yche. D Mueter het ds Wydlichörbli ufe Sandsteiofe gstellt, u mir Buebe sy derwyle tifig i di nöie Holzböde gschloffe, hei sen em Vatter gspienzlet u sy uf em tannige Stubebode umetroglet, dass me hätt chönne meine, es wärdi z sächsehöch ddröschet.

Süüferli sy mer de öppe gar nid abtrappet. Im Gägeteil, d Fröid het is nid nume us den Ouge glüüchtet, si isch glychzytig wi Chraftström dür d Bei ache gruuschet, bis zusserscht i d Zähjen use, u het derzue bytrage, dass di nöie Holzböde der alt Stubebode fei echly usöd erbrätschet hei. Vor Chlupf isch Züsi, üses drüfarbige Chatzli, wo im Ofeguggeli inne uf eme Chirschsteichüsseli es Nückli gno het, wi ne gölete Blitz i d Chuchi usegschosse u het es rüejigers Eggeli ufgsuecht.

Wi bimene junge Dragunerross nahdisnah der Haberruusch verrouchnet, so het o üses Übermüetele nach eme Wyli ufghört. Nid dass is d Mueter öppe hätt äxtra müesse mahne, bhüetis nei; ime settige Fall het si nid ygriffe u der Fröid vo ihrne Chind der frei Louf gla.

Mit eme warme Glanz i den Ouge un eme zfridene Gsicht het si bim Ofen aafa Miesch büschele u derby üses Glück nachegfüelt u mitgspürt, üses guldige Glück, wo i üs inne chuum gnue Platz het gfunde, nach eme Uswäg gsuecht un is fasch versprängt het.

Won i ufdsmal erlickt ha, wi d Mueter ds Miesch schön zwäggmacht u di grüene Pölschterli vo Chrisnadle u halbverfulete Blettli gsüberet het, han i undereinisch begriffe, was Chünds. Im Hui bin i bi der Gumode gsi, ha di chachelgschiiregi Vase mit de Strouröseli acheglüpft, bi dermit uf d Mueter zue u ha bbättlet: «Dörfe mir de d Blüemli ystecke?»

16

«Eh, we dihr mer öppen echly mit em Miesch behilflech syt u mer Büscheli um Büscheli recket, warum nid», het si bscheidet. Das het d Mueter nid zwöimal müesse säge. Mir sy zuechegstande, hei ghulfe Miesch erläse u sübere, hei glychmässegi Buschle gmacht u bi allem Hantiere üser nöi Holzböde ganz vergässe. Nu ja, das isch nüüt anders bi Chind, die la sech mängisch gly la ablänke, ömel denn, wen öppis Nöis z gseh oder z machen isch, wo eim nid all Tag begägnet.

Jitz sy d Strouröseli, wo uf der Gumode näb Grosmüetis Fotografie wuchelang gstande sy, wider z Ehre cho. D Mueter het di warme Mieschpölschterli, wo wi grüeni Sametchüsseli usgseh hei, sorgfältig zwüsche de Fänschter uf ds Gsims bbettet. Myner Gschwüschterti sy nid zrügg gstande u hei re Hämpfeli um Hämpfeli greckt.

We ne Fänschterzwüscheruum isch usgfüllt gsi u nach usse abddichtet, dass under em Rahmen y keis Lüftli meh hätt chönne blase oder dür nes Chleckli schlüüffe, de han i dörfe i jedes Pölschterli nes Dotze Strouröseli ystecke. Uf em fyschtergrüene Mieschgrund hei ihrer bleichlochtige Farbe nöis Läben übercho, un es isch gsi, wi we d Strouröseli us eme töiffe Schlaf erwachti un aafienge, süüferli, ganz süüferli der Aate zie u mit erstuunte Öiglene in ihrem änge Glas-Chämmerli desumeluegti, verwunderet u mit ere zfridene Glückseligkeit.

O üs Chind isch es derby warm um ds Härz worde, un öppis vo däre Glückseligkeit, wo dür d Schybe i d Stuben ychezüntet het, isch wi ne guldige Sunnestrahl i mys Härzchämmerli gfalle u het es Lüüchte zrügg gla, wo bbliben isch bis ufe hüttig Tag.

Im töifschte Winter, we dussen alls verschneit isch gsi, we d Byse d Mattebächleni zu Yschschlange verwandlet het, we vom Dachtrouf bim Wageschopf elleläng glaslutter Zäpfe ghanget sy wi krischtallnig Spiesse u d Vorfänschter mit de chöschtligschte Yschblueme sy überchläbt gsi, de hei d Strouröseli mit eme fründliche u liebliche Lächle i d Stuben yche ggüggelet u hei, we me se lang betrachtet het, eim völlig di chalti Winterzyt la vergässe. Un am Aabe, we d Petrollampe d Stube rosig erlüüchtet het, de isch's mer mängisch vorcho, der Früelig syg zwüsche

17

de Fänschter erwachet u pöpperli a d Schybe, ganz fyn u sachtli, wi mit eme silberige Stäbli.

Tagsüber han i glägetlech chönne beobachte, wi d Mueter bim Fänschter vore ghocket isch, ds Büssi uf der Schoss u d Lismete i de Händ. Mängisch het si es Liedli gsunge, vom Früelig, vo de Bärge, vom Füürbusch im Garte, vome junge Bursch, wo für sys Meitschi uf der Spitzeflue obe Flüeblüemli gsuecht het u derby abgstürzt isch. U de wider het si gschwige, isch i Gedanke versunke gsi u het uf d Strouröseli gluegt, di längschti Zyt, u ne fridliche Glanz isch derby uf ihrem Gsicht gläge.

Oder me het d Mueter bim Fänschter vore gseh, we Schatte über ihri Seel gsäglet sy, we se öppis ddrückt het, we Chummer u Sorge innefür gnagt hei. Uf d Strouröseli het si gluegt, still u i sech gchehrt. U de het's eim ddüecht, us däne unschynbare Blüemli stygi e Chraft, suechi der Wäg zur Mueter u tüei ere ganz sachtli mit sametfyne, unsichtbare Händ d Sorgefältli uf der Stirne glattstrychle.

Ganz öppis Eigets hei di Blüemli a sech gha. We me se am Aabe bim Lampeschyn gschouet het, isch es eim mängisch vorcho, me gsehj dür d Schyben i nes schöns Märliland oder es glüüssli Ängeli i d Stuben yche u nick eim zue mit eme heitere Lächle.

Hütt lige die Zyte wyt hinder mir, wo Strouröseli i üsem Garte gwachse sy u wo di eifache Blüemli im Winter zwüsche de Fänschter, ybbettet i warms Miesch, sozsäge e zwöite Blüejet erläbt hei.

O d Mueter isch nümme da. Frömd Lüt wohne i üsem alte Huus, u niemer tuet meh bim Ywintere Miesch u Strouröseli zwüsche d Fänschter. Ir hüttige Zyt seit settigs de meischte nümme viil. Si gspüre der tieffer Sinn, wo da drinne ligt, nid. Ja-ja — viil, schützli viil het gänderet. Un es isch doch gar nid so lang siderhär.

Uf der Widerhueb obe steit no ds wätterbruune Hüttli bim Wald zueche. Aber der Studehag mit em wilde Flider, wo im Hustage d Vögel gliedet hei, isch usgrüttet worde. Fridli Isaak geit längschte nümme y un uus, un i der nidere Stube hange

keiner Holzböde meh, farbig ybbändlet u mit glänzigem Über-
gschüe.

Hütt, wen ig uf mym Läbeswäg es Rüngli verschnuppe u
zrüggluege ufe bluemig Talgrund, uf my Jugedzyt, de gsehn i ds
Gärtli daheime vor em Huus, öppis Blüejigs bim Scheielizuun u
ds Müeti dernäbe mit Strouröseli i de verwärchete Händ.

Du bisch e gueti Mueter gsi

Es fallt es Flöckli vor em Huus,
Ir Stube löscht es Läben uus;
Vo wythär tönt en Ängelchor,
U guldig lüüchtet ds Himelstor.

Mys chranke Müeti het jitz Rue,
Der Herrgott drückt ihm d Ouge zue,
Er strychlet ihm di chalti Hand
U füert sy Seel i ds Stärneland.

Ganz lysli schliesst sech ds Himelstor,
U fyn verklingt der Ängelchor —
Mir aber tuet's im Härze weh:
Ach Gott, i ha keis Müeti meh!

U glychwohl will i dankbar sy:
Du bisch e gueti Mueter gsi,
U was du alls für üs hesch ta,
Het Glück üs bbracht u Säge gha.

Es Glöggli tönt

Jitz schlaaffisch undrem chalte Schnee
U gspürsch kei Schmärz meh u keis Weh;
Dy Seel isch hei, em Himel zue,
U het bim Herrgott jitze Rue.

Es Glöggli tönt dür d Winternacht,
Es heiters Glitzerstärnli wacht
Am wyte, graue Himelszält
U lüüchtet uf di fyschtri Wält.

Es ströit uf ds Grab dir vo sym Glanz
Un überguldet Chrüz u Chranz;
Im chalte Schnee en Ängel steit
Wo früschi Blüemli niderleit.

Es nachtet scho

I wandre über d Fälder y
U gah am Chilchhof spät verby;
Es nachtet scho, bi ganz alei.
I gseh im Stärneschyn e Stei,
U druffe heisst es: I bi hei.

I blybe lang bim Chilchhof stah
U ma fasch nümme wyters gah.
Es düecht mi, 's syg en Ewigkeit,
Dass dert me, wo nes Blüemli steit,
Het üsen Ätti z schlaaffe gleit.

20

Oschter-Erinnerige

Jedesmal, we d Oschtere vor der Türe steit, mues i ume zrüggdäiche a di Zyte, won i no gar e grüüsli chlyne Fägeri bi gsi, nid grösser als ne Chirbelestudere.

Das isch sälbisch für mi gar e bsunders schöni Zyt gsi. Vorab gäng denn, we d Oschtere isch cho u d Mueter scho mänge Tag zum voruus het Eier uf d Syte ta. I hätt albe vor Fröid chönne grediuse holeien u jutze.

D Oschtere isch äbe dennzumale no echly mit meh Wäses gfyret worde, als es öppe hüttigstags der Bruuch isch. Scho am Tag dervor, we d Mueter ir Chuchi usse ne Pfanne voll Zibele-hültschi überta u drinn e ganzi Räblete Eier gschwellt het, bin i schier us em Hüsli cho, bi übersüünig worde u ha mi gfröit.

Da bin i de nahdisch nie zrügg gstande. Hand han i aagleit u mitghulfe, won i nume ha chönne. Zersch han i Margritli, vierbletterigi Chleebletter, Tubechröpf u Veieli, ja sogar Bäre-talpen- u Chirbelebletter um d Eier bbunde. Dernachhär han i mit Seiffe uf ds einte oder andere e Name gschribe oder öppis Kremänzus druuf zeichnet. Het se schlussäntli d Mueter us der Pfanne gno, ha se albe müesse mit ere tolle Späckschwarte yschmiere un übersalbe, dass si zletscht gglänzt hei wi ne Spiegel.

Am Oschtermorge het's gäng bizyte Tagwacht ggä. Tifig bin i de us mym Huli gschloffe, ha mi hurti aagleit u bi druuf i all Eggen yche mys Oschternäschtli ga sueche. Potz Wält, wi bin i desume zwaschplet u gfägiert! I ha zäntumen alls erläse u zun-gerobe grüert u nid lugg gla, bis i mys Näschtli gfunde ha.

Zersch bin i ir Stube un ir Chuchi umeghurnuusset, ha all Pfanni gchehrt u jedi Schublade ernüelet, de bin i um ds ganz Huus umebbeinlet, ha undere Fueterchaschte glüüsslet, bi uf d Schyterbyge ueche ggogeret, i Chäller ache ghasnet, ufe Höistock ueche gchlätteret u ha all Chröme u Trög erläse.

Han i de ds Näschtli äntliche gfunde, de wohl, de hei de albe myner Ouge glüüchtet, un es isch mer de nöie glych gsi, we scho hie u da bi där Suechete un Umerütschete ds Hosehindere het müesse dragloube. U we mer de der Oschterhas eso ne rächte Huuffe Eier het i mys Näschtli gleit gha, de bin i albe rächt stolze u fröidige gsi, ha gübermüetelet u bi i hälle Sätze mit myne Oschtereier dür d Hoschtet uus ggumpet.

Einisch bin i du aber zungsinnetem em Tüüfel i Lätsch trappet. 's isch nämli denn gsi, won i em Brueder es Schoggela-Ei gstibitzt u's mit eme chlynere vertuuschet ha. Är het's aber gmerkt, isch mer nachetechlet, un i bi was-gisch-was-hesch dür d Matten uus pächiert.

Där Jagd het du ömel under anderem o der Bäru, üse Ganggelhund, zuegluegt. U nid lang isch es ggange, chunt dä cho nachezfotzle, gratet mer zwüsche myner Storzebei — u du isch es gscheh gsi! I bi über dä Hagelshund gstorchlet, un es het mi gar uschaflig übere Boden uus gwürblet. Völlig gchrügelet bin i. Mys Oschternäschtli isch mer us der Hand gfloge, u d Eier sy stübis u rübis alli verschlage gsi. Das het mi du hingäge möge. I ha für mi sälber ddäicht, für dismal sygi allwäg jitz usgoschteret u fertig mit Eiertüpfe. Wen i sälbmal by Fluemättlimeieli nid echly wär Hahn im Chrättli gsi, wär i wäger zu keine anderen Eier cho. Meieli aber het mer us der Chlemmi ghulfe, un i ha a sälbem Namittag glychwohl chönne i ds Dörfli ache ga tüpfe.

Bim Eiertüpfe isch es dennzumale no luschtig u läbig zueggange. Mir hei i üsem Dörfli zwe Tüpfplätz gha, eine bir Schmitte, der ander bim Bahnhof. Churz nach em Mittagässe isch dert gross u chly, jung u alt zämecho. E niedere het i de Seck oder i de Chuttetäsche es paar dickgschaleti Eier gha u het mit däne hie wölle sys Glück probiere.

Zersch hei gwöhnli di eltere Manne aafa tüpfe. D Bursch sy zringsetum gstande, hei mit offene Müüler zuegluegt un öppe hie u da i nes Ei bbisse, dass si dervo ganz gälb Muulläschpi hei übercho.

Mit eim het niemer gärn tüpft. Das isch der Eschepeter gsi. Dä het gäng di sterchschte Eier gha u het a jeder Oschtere d Hoseseck drü- bis viermal hei müesse ga lääre. Me het ihm nachegredt, är tüei syne Hüener viil Chalch i ds Fueter, drum heig er so dickgschaleti Eier. Anderi hei tüür u fescht bhouptet, Peter tüei d Eier sogar überchalche.

U Müschedani het gar vermuetet, Eschepeter bschyssi mit Näschteier us Gips. Ytem, syg's jitz win es wöll, eis isch sicher, mit luttere Dinge isch es bi Peter nid zueggange, u das isch es.

We de albe der Dorftüpfet isch verby gsi, sy d Chind heizue gstäcklet, u di Grosse hei no ne chlyne Halt im «Bäre» gmacht, für dert ds Oschterbier ga z versueche.

Früeligswunsch

Der Bärgluft wähjt, Yschzäpfe bräche,
Der Winter schlycht dür schattig Chräche,
U ringsum ruuscht's vo junge Bäche.

Am Schneehang lige wyssi Fätze;
Wär möchti die no zämeblätze,
We vor em Huus scho d Stare schwätze?

Mi gspürt's, es wott gly Früelig wärde,
E Chäfer tuet im Garte härde,
U ds Sunneliecht verguldet d Ärde.

We's numen i de Möntschehärze
So schön wär wi ne Tag im Märze
U schwinde würdi Not u Schmärze!

23

Mahnig

Chirschböimli, dert im Garte,
Mit Blüeje muesch de warte.
Lue, uf de Bärge ligt no Schnee,
U d Nächt sy chalt u tüe dir weh!

Los nid, was d Stare schwätze
U gschou di Näbelfätze;
Si düüssele am Bärghang nah
U wei keis Blüemli fürelaa.

We d Nächt sy frei vo Ryffe,
U d Schwälbli wider pfyffe,
De wohl, de zeig dys Sydechleid
U schänk is vo dyr Früeligsfröid!

Zwöi Öigli

Stifmüeterli scho blüeje
Im Gärtli vor em Huus;
Zwöi Öigli gsehn i glüeje
Dert zume Fänschter uus.

Si güggele i Garte
U luege heiter dry —
Liebs Chind, du muesch nid warte,
Cha nümme bi dir sy.

24

Us myr Buebezyt

Wär hütt vom Gürbital uus gäge Thun zue fahrt, gseht usgangs Seftige uf der rächte Syte, grad nach em Bahnübergang, es grosses Steihuus mit ere Schüür umene Wageschopf hinderdra. Me seit däm Ghöft «Hüsi». Früecher het es «Schlössli» gheisse.

Drü Jahr nach der Jahrhundertwändi bin ig i däm Huus gebore u ha dert e Teil vo myr Juged zuebbracht.

Es isch vo der Bouwys här es ganz bsunders Huus gsi, nid nume wäge de Steimuure. Ufgfalle sy vor allem ds bbrochne Bärner Dach mit de viile Chemi, wo siderhär aber zum Teil sy abbroche worde. Zu myr Buebezyt sy si no gstande. Es paar vone hei i verschideni Wohnstube achegfüert, vo däne jedi es Cheminée gha het.

Üses Huus het also ganz anders usgseh als alli andere Buurehüser im Dorf. U wiso? Da mues ig jitz echly zrüggblände.

Synerzyt het d Landgrafschaft Burgund zwöi Landgricht gha. Ds einte, mit Sitz i Nöienegg, het Stärnebärg u ds andere Seftige gheisse. Es wird verzellt, dass das Huus, won ig gebore bi, öppis mit däm Landgricht Seftige heig z tüe gha oder sogar der Landgrichtssitz sälber sygi gsi u dass der Name «Schlössli» us däre Zyt chönnti stamme.

Nachegwisen isch, dass ds Landgricht — me het ihm o der Landtag gseit — tatsächlech z Seftige isch abghalte worde. Das sälbisch chlyne Buuredörfli het also däm Landgricht u später o em hüttige Amtsbezirk Seftige der Name ggä.

Under eme grosse Lindeboum im Oberdorf isch d Grichtsstätti gsi. Hie het jewyle, alli Jahr gwöhnlech zwöimal, der Landgraf, wo z Bärn isch aasässig gsi, der Landtag abghalte. No im achtzähte Jahrhundert het me Überräschte vo Bänke under däre Linde gseh, ds letschte Überblybsel vom Landstuel, wo ds Gricht albe taget het.

Später, wo ds Landgricht Seftige isch zu Bärn cho, het es us ere Anzahl chlyne u grosse Herrschafte bestande, wo vo wältliche u geischtliche Here sy verwaltet worde. Es isch müglech, dass eine vo däne dert gwohnt het, wo jitze mys Geburtshuus steit. Der Name «Schlössli» isch aber scho lang i Vergässeheit grate.

Nu ja, syg's wi's wöll, dert han i myner erschte Schritte gmacht u später o myner erschte Luusbuebestreiche.

*

Mir hei no en anderi Familie i üsem Huus gha. Ihres jüngere Meitschi, Mini, isch glych alt gsi win ig. Mit däm sym Brueder Fritz, wo öppis elter isch gsi als ig, han i mängs aaggattiget u bboosget. I bsinne mi no guet, wo einisch wägen üs beidne my Vatter isch toube worde un ig zur Straf am nächschte Sunntig ha Huusarräscht übercho.

Das isch eso zueggange: 's isch Winter gsi. Fritz un ig hei ir Schüür inne öppis gchrouteret u derby alls ernuschet. Du gseh mer undereinisch üsi Röndle. Mir hei drann umegniflet u d Kurble ddrähjt. Ufdsmal sticht mi ds Güegi, u zu Fritz sägen i: «Du, lue, dert äne hange am Schöpflidach gross Yschzäpfe. Chumm, mir bräche nes paar ab u gheie se i d Röndle. Muesch de lose, was das für ne Mordiokrach macht!»

Dä Rat het bi Fritz ygschlage. Ohni lang z überlege, het er ir Yfahrt e Steichratte gholt. Mit zwene Bohnestäcke hei mer bim Schöpfli Zäpfe achegschlage u dermit der Chratte gfüllt. Zrügg isch es ggange zur Schüür. Dert hei mer d Yschzäpfe i d Röndle gheit u ds Schufelrad i Schwung bbracht, gäng gleitiger, so dass es ir Röndle tschäderet u polet het wi nes Trummelfüür.

Üse Bari, wo im Hundshuus es Nückli gno het, isch drob verwachet un i grosse Sätze cho z springe, für z luege, was Cheibs da los sygi. Derzue het er eso lut bbrüelet, dass d Hüener ergelschteret dervogstobe sy.

Jitz hei mer Angscht übercho, der Vatter chönnt cho luege, was los syg. Mir sy i d Hoschtet hindere grennt, hei nis dert hinder de Böim versteckt u nes Zytli abgwartet. Aber mir hei

Glück gha; är het dä Lärm nid chönne ghöre, wil er grad mit em Fany isch uf der Schmitte gsi.

Es paar Tag später het du aber der Vatter mit em Chnächt wölle Rogge röndle. U was passiert? Wo der Chnächt probiert het, d Röndle i Gang z setze, blybt die bockstill stah. Der Vatter het nachegluegt u d Yschzäpfen ir Röndle inne entdeckt. Si sy a de Holzschufle un am Röndlechaschte därewäg fescht aagfrore gsi, dass sich o mit aller Gwalt ds Schufelrad nid het la i Bewegig setze. «Di donners Schlingle», wätteret der Vatter i aller Töibi, «däne will i de der Lohn scho no gä!»

Mit em Chnächt het er druuf d Röndle i Stallgang a d Wermi gstellt, damit über d Nacht d Yschzäpfen uftoui. Hässig het er üs beid, won er is vorusse bim Schneeballele erlickt het, häregrüeft un is ugäbig ds Mösch putzt. Das alei aber het für mii no nid glängt. Am nächschte Sunntig han i, ybschlosse im Chuchistübli, der ganz Namittag chönne muultrummle u nid dörfe mit de andere Buebe ga schlittle.

*

Es anders Lümmelstückli hätt im Summer druuf o schreg chönne usecho, isch du aber zletschtamänt no glimpflech abgloffe. Ja-ja, u das isch es.

Sälb Zyt het's no weeni Outo ggä, i üsem Dörfli überhoupt no keis. U mi het mängisch e halbe Tag müesse warte, bis wider eis uftoucht isch. D Buure hei di Surrichischte nid gärn gseh, wil mängs Ross ab däm Tschäderilärm erchlüpft oder sogar dürebbrönnt isch.

Drum sy Fritz un ig ei Tag rätig worde, mir wölle ere settige Bänzinbänne abpasse u Steine drybänggle.

Am nächschte Samschtignamittag hei mer üse Plan usgfüert. Uf em Lindehübeli näb em Huus hei mer, e jede ne Stei im Hosesack, under der Linde gwartet u gluusset, di längschti Zyt. Bald wär is d Geduld usggange. «Lue, dert chunt eis!» het Fritz undereinisch grüeft. «Chumm, mir verstecken is hinder der Linde!»

U richtig, ume Dorfrank isch es Outo cho z fahre. Am Stüür isch e jüngere Maa ghocket mit eme Schirmtschäppel uf em Chopf. Ds Outo het Speicheredli gha, u ds Verdeck isch hindenache klappet gsi.

Näächer u näächer isch di Gummiredligutsche cho. Mir beid sy ufdsmal wi göölet Blitze hinder em Stamm cho fürezschiesse, hei d Steine vom Lindehübeli ache i ds Outo bbängglet u sy im Hui dervopfylet, Fritz i d Schüür übere un ig i ds Huus yche. Tifig han i der Sare bi der Hustüre zuegstosse, bin i d Stube u dert under ds Ruebett gschloffe u ha mi müüslistill gha.

D Eltere sy ir Fronholzmatte am Dussewärche gsi, der Chnächt het Bschütti usgfüert, u my Schweschter isch am Schuelufgabemache gsi u het sech myner nöie nid gachtet.

Jitz het öpper dusse mit em handgschmidete Türchlopfer a d Huustüre ddopplet. D Schweschter isch ufgstande u het wölle ga luege, wär dusse syg. Underem Ruebett füre han ig ere zuegrüeft: «Das isch nume der Chnächt, wo di wott usesprängge. O mii het er vori füre Lööl gha.»

D Schweschter het's ggloubt un isch d Tür nid ga ufmache, o denn nid, wo's no einisch, dismal viil stercher, a der Türe gchlopfet het.

Nach eme Wyli het's der Outofahrer ufggä, isch zrügg zu sym Outo u toube richtig Dängelstutz dervogsurret. Mir het's gwohlet un o am Fritz, wo sech i der Schüür imene lääre Söifärich het versteckt gha. Beid hei mer no ne Zytlang Angscht usgstande, ob's ächt nid doch no uschömi, u hei fürderhii d Outo i Rue gla.

E schöne Fläcke, wo mir Dorfbueben is gärn ufghalte hei, isch der Fronholzwald gsi. Dert hei mir mängisch Sunntig für Sunntig Jagis u Indianerlis gmacht, oder öppen emal e Hoselupf mit de Bueben us em Nachbardorf.

Amene schöne Herbschtsunntig isch du ömel o wider e «Schlacht» fällig gsi. Uf em Schuelhuusplatz hei mer is besammlet, bewaffnet mit sälbergmachte Pfyleböge, Helebarde u

28

Speere. Jede het e Sabel aaghäicht gha, u druuf sy mer i Viererkolonne dür ds Dorf gmarschiert, der Houptme u der Fähnrich voraa. Der Gassacher ueche isch es ggange, em Fronholzwald zue. Sogar es chlys Kanünnli hei ihrere zwee nachezoge. Am Schluss mitgmarschiert isch us lutter Fröid u Gwunder o Wäber Sämus Chnächt, nid bewaffnet mit eme Sabel oder Speer, derfür aber i Begleitig vo sym Meischters bissigem Wolfshund.

Aacho im Fronholzwald, hei mer us grosse Steine, wo vor meh als füfzähtuusig Jahre der Aaregletscher hie het abglageret, e Feschtigsmuur ufgrichtet. Hinder däre u nes paar mächtige Granitfindlinge, wo nid wyt dervo us em Waldbode gluegt hei, sy mer abgläge u hei der «Find» erwartet. I Stellig bbracht worden isch o ds Kanünnli. Zwe grösser Buebe hei das sälber bboue un uf ene alte Chinderwageredig ufmontiert. Als Kanunnerohr het e Räschte vonere Wasserleitigsröhre ddienet.

Jitz hei di beide Buebe ihres Gschützli schussbereit gmacht. Vo hinde hei si e Zündschnuer ychegstosse, ds undere Rohrändi fescht verstopft, dass nume no nes Bitzli vo der Zündschnuer usegluegt het. Druuf hei si Schwarzpulver vo vore drygschüttet, mit eme grobe Hertholzchnebel e Papyrwüsch achegstungget u so ds Loch vermacht.

Nid lang isch es ggange, het me Stimme ghört. Dür niders Ghölz isch der «Gägner» aazschlyche cho. E Pfiff, u mit eme Huronegschrei isch e ganzi Kuppele Buebe us em Gstrüüch gsprunge u gäg is zuegrennt. D «Schlacht» het aagfange. Eine vo üsne Kanoniere het mit eme Schwäfelhölzli d Zündschnuer i Brand gsetzt. E Donnerchlapf het's ggä u merkwürdig pfupft. Papyrfätze sy ir Luft umegfläderet, u ne chlyni Rouchwulche isch zwüsche de Tannestämme ufgstige.

Das het em «Find» — de Bueben us em Nachbardorf — nöie kei Ydruck gmacht. Gänderet het's aber im Nu, wo ds Wäber Sämus Chnächt mit sym schwarze Wolfer, vorderhand no aabbunde amene Gwächsgarbeseili, isch hinder eme Findling cho fürezschiesse, Pfuuscht gmacht het u stierstärnlige gäge d Buebe vom Nachbardorf gsprunge isch. Der Wolfer het i eimfurt hässig gchnurret u bbrüelet, isch höch ufgstande un i ds Halsband gläge, dass es ne gwörgget het.

Daas hingäge het du ne Änderig ir «Chriegslag» ggä. D Aagryffer sy dervopächiert un im Jungwald verschwunde. D Seftiger Bueben aber sy stolz u mit flattriger Fahne i ihres Dörfli zrügg gchehrt.

∗

Der Fronholzwald het aber no mängs anders bbotte, wo üsi Unternämigs- u Abetüürluscht, aber o üsi Fantasie aakurblet het.

Vom Bachtelemoos här isch es chlys Gwässer, ds Wyssbächli, düre Wald achegruuschet. Es het e natürlechi Gränze bbildet zwüschem Seftigburger- un em Thunerburgerwald. Halbwägs isch eim e nidere Ygang zure Höli ufgfalle, wo früecher emal zum grössere Teil mues zämegheit sy.

Elter Lüt hei verzellt, das syg en unterirdischen Ygang zure Burg, wo vor langer Zyt verfallen isch, u niemer chönn hütt meh säge, wo si gstande syg. Mi het vermuetet, es handli sech um ene Fluchtgang, wo de Burgbewoner ddienet het.

Üs Bueben isch all daas gheimnisvoll vorcho u het äbefalls d Fantasie u bsundersch o der Gwunder aagregt.

Eis Tags sy mer üseren acht, Boss Werner vom Hoschtetacher, Liebi Ärnscht vor Stampfimatt, Stalder Otti vom Dorf, Dähler Martin vor Rütti, Mässerli Walter vom Oberdorf, Dähler Adolf vom Moosacher, my Brueder Arnold un ig, i ds Fronholz ggange, für dert z ärdbeerele. Du sy mer ömel o zur Höli cho. Di meischte Lüt hei se kennt underem Name «Mine».

Mir sy blybe stah u hei gratiburgeret, ob mer wölle i d Höli ycheschlüüffe, was bis jitz no keine vo üs gwagt het. Ufenewäg het's is gglustet — mii ömel bsundersch. Glychzytig het's is o schiergar es Bitzeli ddutteret vor däm Ugwüsse, won is aber bilängerschi meh greizt het. Schliesslech hei mer is entschlosse, das Abetüür z wage.

A Tannestämme sy mer uechegchlätteret, hei dürr Aschtproffle abbroche u nachhär chläbrigs Tanneharz vor a di Chneble gstriche un is däwäg mit Harzfackele usgrüschtet. Mir sy zur «Mine» zrügg gchehrt u hei jitze gwärweiset, wär vorab i das fyschtere Loch wöll schlüüffe.

Keine het sech freiwillig wölle mälde. Schliesslech han i mi sälber zur Verfüegig gstellt. Mir hei d Harzfackelen aazüntet, un als erschte bin ig ychegschnaagget, völlig büüchlige, vowägem halbverschüttete, nideren Ygang. Gly einisch het me sech aber chönne ufrichte. Mit liecht gchrümmte Rügge sy mer vorsichtig wytersggange. Vo der Höliwölbig het's i eimfurt achetropfet, u der Harzfackelerouch het is gmacht z hueschte.

D Fyschteri isch di ganz Zyt wi nes schwarzes Tuech vor myne Ouge ghanget. I ha gspanyflet, bald nach linggs u bald nach rächts u de wider graaduus. Es liechts Angschtgfüel han i nid chönne verchlemme. Gwohlet het's mer du ersch, won i bi zhinderscht aacho u sech dert kei Vagant het versteckt gha, was es paar vo üs Buebe gloubt hei. All hei ufgaatmet, u mir isch's gsi, wi we mer e Stei vom Härze tät falle.

Äntliche sy mer wider am Tagesliecht gsi. U wi hei mir da lut useglachet, wo mer feschtgstellt hei, dass mer all wi Chemifäger usgseh, wil jede vom Harzfackelerouch es schwarztschäggets Gsicht het gha. Am Wyssbächli hei mer is nachhär gwäsche u sy meh oder weniger suber wider heizue gwatschlet.

All di schöne Erläbnis u di viile Beobachtige i däne Buebejahre hei derzue bytrage, dass i mir d Liebi zur Natur, zum Wald, u bsundersch zu de Tier u de Blueme vo Jahr zu Jahr isch grösser worde.

*

Es anders chlys Paradies, so wi der Fronholzwald, won i mi gäng mit myne Brüeder Ruedi u Arnold i de Schuelferie ufghalte ha, isch ds Limpachmoos gsi, wo zur Nachbargmeind Uetedorf ghört het. Das sumpfige Täli het dennzumal viil romantischer usgseh als hütt. Am Limpach, däm stille Gwässer, sy allerlei Studere u verchnorzeti Wydestöck gstande, u näb em Schilf hei guldgälbi Schwärtlilie us em Wasser glüüchtet.

Im Limpach sälber het's viil Fische gha, Forälle u grossgschuppeti Yscher. Mit chlyne Netz hei mer se gfange u daheim sy si bbräglet worde.

Früecher het me im Limpachmoos Turbe gstoche; später aber nümme. Was bbliben isch, sy töiffi Löcher gsi, wo sech Wasser aagsammlet het. Un i däne Glungge het's Hunderti vo Frösche un Unke gha, wo am Aabe, we's het aafa fyschtere, es Quakkonzärt ggä hei, wo me bis zur Landstrass ueche ghört het.

O Molche u Ringelnattere isch me nid sälte begägnet. Graureiher u Weie het's o gha, aber o allerlei Singvögeli, wo scho am Morge früe gliedet hei. Schmätterlinge i allne Farbe sy vo Blueme zu Blueme tanzet: der Schwalbeschwanz, der rot Ordensbandfalter, der Pappelschwärmer, der Kaiser- u der Truurmantel u mängen andere. I de viile Strüücher het me sälteni Roupe i allne Farben aatroffe. Mi het nume d Ouge müessen offe haa.

Einisch amene warme Summeraabe, wo my elter Brueder Ruedi un ig spät vo Thun sy heigmarschiert, isch's, wo mir gäge ds Wyssbachwäldli cho sy, scho ordli fyschter gsi. Ufdsmal hei mer under üs zueche im Limpachmoos zwöi Flämmli gseh obsigzüngle. I bi schier echly erchlüpft, u zu Ruedi han i gseit: «Geischteret's im Moos unde?» Är het mi beruehiget u zur Antwort ggä: «Nenei, das sy Irrliechter, wo entstöh, we Sumpfgas, wo us em Bode strömt, sech ir Luft entzündet.»

Nid nume ds Limpachmoos mit sym Fischbach, de verzworglete Wydestöck, wo d Huureni gärn gnächtiget hei, de Turbelöcher mit de Frösche un Unke, de Schmätterlinge u de viile Blueme het üs Buebe fasziniert. Es isch no öppis anders gsi, wo nis aazoge het wi ne Magnet. Das sy alti Chällermuure gsi, undehär vom Wartwald u nid wyt ewägg vom Limpach. Mir hei gwüsst, dass es Überräschte sy vom ehemalige Limpachbedli, wo dennzumale wytume im Land isch bekannt gsi. Mi het ihm öppen o Moosbad gseit.

Früecher isch das Bad uf der andere Tälisyte, undehär em Fronholzwald, gstande, isch du aber 1746 dür ne Füürsbrunscht

32

zerstört worde. Mi het's sofort wider ufbboue, aber nümme am glychen Ort. Ds nöie Limpachbad isch gägenüber, bim Wartwald — äbe dert, wo zu üser Buebezyt no d Chällermuure hei zum Boden usegluegt —, z stah cho.

Ds Schwäfelwasser het me i hölzige Dünkle vom Fronholzquellgebiet zum nöie Badhuus gleitet. Fürnämi Herrschafte sy hie cho kuure, Patrizier un Offizier vo Bärn, rycheri Lüt vo Thun u sogar bekannti Musiker us Dütschland. Aber o Jeger u anderi Persone hei gärn im Limpachbad ygchehrt. Hie hei o Tanzsunntige u Konzärt stattgfunde. Mängisch söll es luschtig un übermüetig zueggange sy. Un a de hübsche Badmeitschi het mänge Glüschteler Fröid gha.

Ei Summer, amene schönen Aabe, syge viil Gescht uf der grosse Ussichtsloube ghocket, eso viil, dass plötzlech d Tragbalke gchrachet hei u di schöni Loube mitsamt allne Lüt, drunder ufputzti Stadtfroue i Krinolineröck, achetätscht isch.

Es andersmal, amene Buuretanzsunntig, isch o Huttis Mädi us Uetedorf, e währschafti Buuretochter, i ds Bedli z Tanz ggange. Wil es gchummeret het, es chönnte ihns jungi, aagheitereti Bursche uf em Heiwäg beläschtige, het's es alts Rossyse i Chittelsack gstosse. Wo nach Mitternacht der Badwirt Fyrabe bbotte het, isch Mädi schnuerstracks heizue gschuenet. Di junge Bursche syn ihm aber nid nachegschliche. Si hei gwüsst, dass Mädi chönn rabiat wärde. Vor paarne Jahre het das e Mälcher vo Chienersrütti erfahre, wo statt eme Müntschi eis mit em Hufyse het uf's Dach übercho, dass ihm ds Bluet übere Chopf abegloffen isch.

Das fröhliche Badläbe het im zwöite Limpachbad öppis meh als hundert Jahr dduuret. Am 11. Jänner 1849 isch o hie e Brand usbbroche u het das bekannte Bad ygäscheret. E Nöibou isch underblibe. D Chällermuure sy nahdisnah mit Härd zueddeckt worde. Me het aber lang no dür ne Muurlücke chönne i ds Innere yneschlüüffe. U das hei o mir Buebe gmacht.

Wo mer ei Tag wider sy ga fische, aber keis Schwänzli verwütscht hei, sy mer rätig worde, doch einisch di alte Muure näächer ga z gschoue. Dür ne ängi Lücke im Gmüür sy mer i ds

Innere ggogeret. Es isch e Chällerruum gsi, voll altem Grümpel u halb yddeckt vo Brandschutt u Härd.

Mir hei drinne umegnuelet. U was chunt füre? Öppe nes Halbdotze zinnig Dreifuess-Ggaffichanne mit Messingböde, di einte verbüület, di andere aber no i rächt guetem Zuestand. Mir Süchle hei mit däne nüüt anders gwüsst aazgattige, als se gäge d Chällermuure z schmättere u se zvolem z verbüüle. Wo si usgseh hei wi uförmegi Blächchlümpe, hei mer se achtlos la lige u sy heizue.

Es paar Jahr später isch ei Tag en Altwaresammler zu üs cho u het d Mueter gfragt, ob mer nüüt fürigs heige. «Nei», het si zur Antwort ggä. — «Un alt Dreifuess-Ggaffichanne mit Messingböde, wo dihr nümme bruuchet, heit dihr settegi nid? I zale für die e bsundersch guete Prys.» D Mueter schüttlet der Chopf u seit no einisch: «Nei, leider nid.» Druuf het sech der Altwarehändler verabschidet un isch wytersggange.

Ig, wo däm churze Gspräch zueglost ha, hätt mer chönne d Haar usschrysse, u für mi han i ddäicht: «Was für Lööline sy mir doch gsi; das hätt es schöns Sackgäld ggä vo all däne alte Channe, wo mer kaputtgschlage hei!»

*

I de Jahr vom Erschte Wältchrieg het's im Limpachmoos e gwaltegi Veränderig ggä. D Landbesitzer hei sech entschlosse, ds Moos z entwässere un ertragsrychers Kulturland z schaffe. Das het bedingt, der Bachlouf töiffer z lege u näbedra e Kanal z boue.

D Flurkomission, wo vom Bsitzer vom schöne Eichbärgguet z Uetedorf, em Herr Eduard vo Fischer — di ganzi Bevölkerig het di Reschpäktsperson mit «Herr» aagredt —, isch präsidiert worde, het e schwäri Ufgab uf sich glade, u das ire Zyt, wo der Chrieg scho het aagfange gha un üser Wehrmänner a der Gränze sy gstande, o viil us üser Gäged.

1915, also zmitts im Chrieg, isch me drahii a ds grosse Wärch. Es het e Huuffe Arbeitschräft bbruucht, u die hei jitz zumene grosse Teil gfählt. Mit der Zyt het sech du aber e gueti Lösig la finde.

Eis Tags isch nämli russisches Militär, wo i Frankrych isch gsi, mit Ross u Wage über üsi Landesgränze cho, für i der Schwyz Zueflucht z näh. Alli sy interniert worde, u mi het se da u dert uf Arbeitsstellen ygsetzt. O d Flurkomission het es Kontingänt vo däne russische Soldate aagforderet. Si sy mit der Gürbitalbahn nach Uetedorf transportiert worde. Viil Lüt, Manne, Frouen u Chind, hei sech bir Bahnstation ygfunde u hei di frömde Soldate aagstuunet. Meh als hundert syge's gsi.

Ire grosse Baragge, undehär em Wartwald, nid wyt ewägg vom Standort, wo ds Limpachbad isch gsi, het me ne Teil vo de Russe underbbracht u di andere imene alte Schuelhüsli, das d Flurkomission z Forscht het chönnen erwärbe u's bim Heidebüeli het la ufstelle. Mi het de russische Soldate Arbeitschleider beschafft; u sii sy's gsi, wo d Grabarbeite füre nöi Kanal im Limpachtäli, vom Heidebüeli ewägg bis hindere gäge Chilterf, bsorget hei.

Das het du üs Seftigbuebe intressiert. Mir hei di russische Soldate o wölle gseh. Ei Sunntig sy mer du üsere paar em Limpach zue. D Baragge isch halb läär gsi. Der Grossteil vo de Russe isch ga spaziere, anderi sy näb der Baragge im Gras un a der Sunne gläge, u wider anderi sy dinne a Holztische ghocket oder hei uf ihrem Gliger plegeret.

Mir sy uf der Strass gstande, bis üs du der Gwunder gäng echly näächer zur Baragge tribe het. Eine vo de Russe het mit eme Handzeiche ddüttet, mir sölle numen ychecho. U mir hei's ömel du o gwagt.

Är isch früntli gsi, het öppis zuen is gseit, vo däm mir aber keis Wort verstande hei. Zumene Wandschäftli isch er ggange, het dert es Couvert usegno un us däm öppe nes Dotze Charte zoge. Uf allne sy halb oder fasch blutti Tänzere abbildet gsi. Mir hei nis nid rächt trouet, di liechtgschürzte Meitli näächer z gschoue. Der frömdländisch Soldat het glachet, won er het gseh, dass üser Chöpf sy rot worde. Druuf het er es paar Wort zue nis gseit, aber i ha nume nes einzigs dervo verstande: Paris.

35

Un uf eir Charte han i chönne läse: «Moulin Rouge.»

Das isch halt für üs öppis gsi, wo me nume vom Ghöresäge kennt het. Dennzumale isch's no nid eso gsi wi hütt, wo me a allne Egge, i Heftline un am Fernseh tagtäglech settige blutte Wäse begägnet. Aber äbe: Mir läbe jitz inere andere Zyt, wo d Sitte gänderet hei, we vilich o nid alli zum Vorteil vo üser Juged.

A sälbem Sunntig sy mer ersch gägen Aabe heicho. Em Vatter u der Mueter hei mer verzellt, was mer alls erläbt u gseh hei bi de Russe. Nume vo de Charte mit de Pariser Tänzere hei mer keis Stärbeswörtli gseit.

Der Chrieg isch z Änd ggange, u di russische Internierte hei zrügg i ihri Heimat chönne.

Me het nachhär im Dorf bbrichtet, dass sälbisch, wo der Zug z Uetedorf abgfahre sygi, meh weder eis Meitschi im Verschleikte ds Ougewasser abgwüscht heigi. Offebar hei's däne russische Soldate nid nume d Pariser Tänzere, sondern o d Töchtere us de Dörfer rund um ds Limpachmoos aata gha.

∗

Im Limpachmoos hei d Kanalisationsarbeite no lang aadduuret u hei schliesslech ds Gsicht vom früecher sumpfige Täli starch veränderet. Us däm unberüerte Naturparadies, wo mir Buebe so mängs Schöns erläbt hei, isch fruchtbars Kulturland worde.

Üser Buure hei di Ufwärtig vo ihrem Land zwar gschetzt, aber verloreggangen isch trotzdäm öppis. Das alte Limpachbett mit de verchnorzete Wydestöck het eme schnuergrade Kanal mit ygleite Zymäntschale müesse Platz mache. Dert, wo einisch Sumpfland mit Schilf u Lische isch gsi, gseht me hütt grossi Maisfälder, Pflanzächer u Mattland.

Aber äbe: Wi schön müessti's für di hüttige junge Lüt doch sy, we si no so nes chlys unberüerts Fläckli Ärde für sich hätte, wi mir's als Buebe gha hei!

Dür ds Wäldli uus

Es lüfterlet u rägelet,
Der Bode isch ganz gsprägelet
Vo bruunem Loub. Mys Büebli springt
Dür ds Wäldli uus u tanzt u singt.

Es stögelet u stünggelet
U gümperlet u fünggelet.
Es haseliert u beinlet gschwind
Dür ds Miesch uus wi ne Wirbelwind.

Bald pföselet's, bald geit's im Trab,
Dür ds Wägli uuf, dür ds Wägli ab,
U mängisch blybt's es Rüngli stah
U stuunet d Tannegrotzli aa.

My chly Wildfang

Es heiters Gmüet mys Büebli het,
Am Morge lacht's scho früe im Bett,
U syner Öigli, blau u fyn,
Sy glänzig wi der Sunneschyn.

U leit ihm ds Müeti d Hösli aa,
De isch's verby mit dinne bha;
Es zäberlet zur Stuben uus
U springt wi wild veruss um ds Huus.

Es louft em Nachbars Bäru nah
U möcht gärn ds wysse Chatzli fa;
Sogar der Güggel uf em Mischt
Nid sicher vor mym Büebli ischt.

Es hustagelet

«Tra-la-la, der Früelig isch wider da!» singt es Bufinkli zoberscht uf em Gruenbireboum u drückt derzue stolz sys runde Brüschtli füre, rysst ds Schnäbeli wyt uuf u blinzlet gäge blau Himel ueche. Us allne Hoschtetböim zringsetum antwortet's : «Hi-hi-ho, der Winter isch uuf u dervo!»

Ersch no isch alls mit Schnee u Ysch überdeckt u der Himel mit grauschwarze Wulche verhäicht gsi. Der chalt Nordwind het sys Zepter gschwunge u mängisch ghüület wi ne Wolf. U jitz ufdsmal eso prächtigs u hilbs Wätter!

Jedem Gresli, jedem Zweigli, jedem Böimli u jedem Tierli gsehn i's aa, un o sälber gspüren i's i allne Glidere, dass der Früelig aarückt. Är het der Winter scho wyt furtgjagt, bis höch i d Bärgen ueche. Dert chläbt er a den oberschte Tannlene, a de stotzige Weide u de schroffe Felswände.

Fryli wird er no nes paar Aalöif näh u sech wi ne toube Muni wider talwärts stürze. Aber usrichte chan er allwäg nümme viil. D Früeligssunne het ihm scho bös i Äcke züntet un ihm grüüslegi Löcher i sy dick u schwär Mantel bbrönnt.

O vom Nussboum ache rüeft es Meiseli: «Zyt isch do!» U ne Star, wo sech uf em Nischtchaschte im grosse Bireboum pluschteret, nickt mit em Chöpfli u däicht: «We das eso wott wytersmache mit em Früeligswätter, de sött i scho bald uf d Brutschou uus!»

Der Bäru chunt cho z zottle, fotzlet der Schüür zue u wälzt sech dert es paarmal uf em Brüggstock. O är gspürt wahrschynlech, dass der Hustage naach isch.

Ganz bsunders im Bejihüsli näb em Holderstock fat sech's aa rüere, un allpott chunt so nes verschlaaffnigs Tierli uf ds Flugbrättli use, lat d Sunne ufe Rügge schyne u summt undereinisch i di schöni Wält use, am Waldrand zue, für dert z luege, ob öppe scho d Hasle stübe oder d Wydebüüsseli blüeie. U richtig! Si flüüge nid vergäben uus. Gäng meh chöme zrügg mit lüüchtiggälbe Hösli — es utrüeglechs Früeligszeiche!

O mii ziet's jitz i d Natur use. Ob der Sagi düre, am Haselhag nah stäcklen i em Eichbüel zue. D Studere hange wyt übere Wäg yche u schütze ne wi nes Sunnedechli. Dür di viilen Eschtli düre lüüchtet ds blaue Himelszält.

Es schwachs Lüftli strychlet d Haselstudere. Di viile, viile Zötteli plampe hin u här, u ganz fyn rünele gälbi Stoubchörnli druus. D Sunne schynt a d Haselblüete, dass si lüüchte wi guldegi Schmuckstückli, wo vo de Zwärgli über Nacht sy a di dünne Eschtli ghäicht worde. U vo Zötteli zu Zötteli flüge flyssig d Beieli u summe mit ihrne Flügeli derzue es Liedli.

Wytersch gan i, linggs dür d Matte, u stüüren em Eggrainli zue. Won i über ds Wydebächli wott springe, gsehn i am Bode nes Tschüppeli zittregi Schneeglöggli — di erschte i däm Jahr. Wi nes Hämpfeli Schnee lige si zwüschen em dürre Gras, zart u schüüch, u schüttlen ihrer fyne Chöpfli.

Los — tüe si nid lysli, ganz lysli lütte? Isch es nid, wi we nes unsichtbars Ängeli würdi mit emene silberige Hämmerli draschla? I chnöile nider u ha ds Ohr ganz naach a di zarte Blüemli. U was ghören i? Grad wi nes wyt, wyt entfernts Chilcheglütt tönt's, bald schwecher, bald stercher, u der Ton isch soo fyn, dass me chönnt meine, ds Wienachtschindli tüei im Himel obe syner silberige Glöggli ypacke.

Es paar Schritt wyter chunt e Pfyfolter cho z fäckle. Är setzt sech uf nes Schlüsselblüemli, wo sys zitronegälbe Chöpfli zwüsche hällgrüene Blattspitzlene fürereckt u ne diräkt zum Verwylen yladt. Aber är het nid langs Blybe. Uuf u furt geit's wider, furt i di sunnegi Lachwält.

Zersch dduuret's ds Schlüsselblüemli gar grüüseli, dass dä schön Summervogel so gschwind ume furtflügt. Es lat ds Chöpfli la hange. Da gseht's aber im Wasser vom Bächli sys Strahlechrönli, glänzig wi we's us reinem Guld wäri. Das tröschtet's, un es reckt ds Chöpfli ume der Sunne zue u lachet früntli.

Jitz graplen i über ds Eggrainli uuf. Der Eichbüel winkt scho vo wytem. Uf allne Matte ligt strahlends Liecht. Es glitzeret u lüüchtet a jedem Börtli. Viil tuusig Grasspitzleni glänzen im Sunneschyn, u ganz lysli wäht se der Luft hin u här.

Bimene Studerehag zueche finden i es paar Veieli. Si sy ganz chly u bleich u luege verschlaaffe dry. U we der Früeligsluft mängisch no echly chüele wähjt, de verstecke si sech hurti under de grosse, dürre Grasbuschele, wo ihri erfrorene, gälbe Blettli wi nes Vorschärmli über se breite.

Grad dernäbe schnaagget es Schnäggli über nes Zweigli ueche. Syner schelmige Hörnli streckt es gäge d Sunne, u si glitzere, wi we uf jedem es chlyses Stärnli ufgsetzt wäri.

Under emene alte Chirschboum blyben i stah u verschnuppen es Wyli. Vor mer düre tanzet e Schwarm Mugge u wirblet sech schynbar schwärelos obsigdruus, em blaue Himel u der Sunne zue.

Es Rotbrüschtli chunt cho z flüüge u setzt sech grad näbe mi uf nes Eschtli. Bald güggelet's i ds Gras u bald wirft's e schüüche Blick uf mi. Druuf flatteret's ufe Boden ache, suecht e Schnabel voll dürr Halme zäme u pfylet dernah mit däre Ladig ere Schüür zue. O ihm het wahrschynlech der Früelig i ds Ohr gchüschelet, är sygi jitz für zgrächtem da, un äs sölli nume fräveli a ds Näschtliboue gah.

I gange süüferli wyters. Obe bim Tannewäldli uf em Eichbüel hocken i uf ene grosse, moosige Stei u luege über ds Land y. Vom Wyssbach-Chilchli ueche lüttet's vieri. Nid wyt vo mir acheriere zwe Manne. Di schwär Arbeit macht ne schynbar heiss. Si hei ömel d Chutten abzoge u d Hemmlisermel bis über d Ellbögen uus hindereglitzt. Der eint trappet näb de Rossen y, chlepferlet mit der Geisle u pfyft derzue es Liedli vor sech här. Der ander drückt am heltigen Acher der Pflueg obsi.

D Ross zänne u stampfe. Der Pflueg fahrt langsam düre Boden uus u chehrt gross, schwär Muttene. Di nasse Härdchnouele glitzere, rouchne u dampfen a der Sunne. Es ydrücklechers Bild, fasch wi uf eme Anker-Gmäld, cha me sech chuum vorstelle: der bruun Acher, di chreftige Ross, der hemdsermlig Buur u sy stramm Chnächt, di grossartig Landschaftskulisse mit de Schneebärgen im Hindergrund un über allem d Früeligssunne.

Jitz ziet es quirligs Meiseli my Ufmerksamkeit uf sech. Chuum lat es sech uf eme Eschtli nider, verschwindet scho nes Würmli i sym Schnäbeli. Das wätters Chrottli turnet i de Studeren ume u macht ds Redli, dass es eim fasch schwindlig wird. Es härzigs Chrügeli isch es de richtig, mit sym guldgälbe Brüschtli, em sametblaue Chäppli, em grüenblaue Rügge, de schneewysse Bäcklene un em schwarze Fläckli am Hals. Wi ne Hurrlibueb tuet es umezwirble, bald hie u bald dert öppis ufpicke.

Derzue probiert's i eimyche, es Liedli z singe. Aber das wott ihm nid rächt glinge; ds Stimmli fählt ihm halt derzue. Um so lutter tschädere u zwitschere d Staren am Waldrand vore. Es gschwätzigs Völkli! Was hei si ächt so Wichtigs z schnabuliere? Bestimmt es hustageligs Thema!

Was d Schmätterlinge zu de Blüemli flüschtere u d Beieli underenand chüschele, chan i nid verstah. Aber o die schyne richtig ufzoge z sy. Pfyfolter fäckle so zwaschplig, dass es se mängisch ir Luft fasch wott überstelle, u d Honigbeieli tüe albeneinisch mit de Flügeli eso übermüetig fäliere, dass es ne fasch di gälbe Hösli wägstübt.

Alles ir Natur schynt gueter Luune z sy. O d Blüemli am Waldrand hei d Fänschterli vo ihrem Schlafchämmerli sperangelwyt offe; so di blaue Läberblüemli, di lüüchtendgälbe Schlüsseli u di wysse Geisseblüemli. Uf de Wisen usse grüesse scho d Margritli. D Söiblueme sy no nid offe; aber es wird nümme lang duure, so wärde di Matten usgseh, wi wen öpper e Huuffe Guld drüber usgläärt hätt.

Es düecht mi, o i eim sälber göng es Türli uuf. Me gspürt öppis wi Fröid, Wärmi u Sunneglanz — u me weis nid rächt, ob das Liecht vo usse i ds Härzchämmerli yneströmi, oder ob es vilicht scho drinn syg gsi, e Winter lang, u jitz usedrängi.

I sitze immer no im Eichbüel oben am Waldrand. 's wott gly Aabe wärde. Hinder de Tanne füre chöme drü Wülchli sittig cho z sägle. D Sunne schynt uf se, u si glänze grad prezys wi Schiffli us lutterlöötigem Rotguld. Wär weis, ob nid drinne nes paar Ängeli sitze u ne schöni Früeligsfahrt mache? Es düecht mi ömel schier, es wink mer öpper us em chlynschte Wulcheschiffli mit eme gstärnte Naselümpli zue.

Nume no paar Finger breit steit jitz d Sunne über em Längebärg. D Bärge lüüchte rosig uuf, viil hundert Zaggen u Spitze fa aa glüeie. Zoberscht uf ere Bueche thront es Amslemändli. Es wölbt sy schwarzglänzegi Bruscht füre, reckt der Chopf i d Höchi, rysst der guldrot Schnabel uuf u schickt voll Imbrunscht sys früeligshafte Aabeliedli über ds Land y.

Plötzlech, d Sunne isch scho hinder em Längebärg verschwunde, flügt d Amsle mit eme länge «Zwi-wit-wit-wit» i Wald yche. Jitz gangen o ig langsam heizue. Derby isch's mer, wi wen i es Stimmli ghörti, wo singt:

«O Früelig, Früelig, du schöni Zyt,
Wi machsch du doch mys Härz so wyt!»

Guldzötteli

Der Schnee isch vergange,
's isch hilb über Tag,
Guldzötteli hange
U lüüchten im Hag.

Pfyfolterli schwäckle
Am glitzrige Bach,
U Finkleni fäckle
U liede vom Dach.

Mys Büebli tuet jutze
U springt über ds Land
U fahrt mit de Butze
Im Gras umenand.

Früeligstag

Guldig lüüchtet hindrem Hag
Jung u früsch der Früeligstag.
D Vögel liede u scharwänzle,
Schwäcklen über d Strass u tänzle.

Oben uf de Chirschboumescht
Fyre d Finke ds Früeligsfescht;
's isch, mi ghör i ihrem Singe
Übermuet u Fröid mitschwinge.

Uf em alte Wydestock
Sitzt e Star im Hochzytsrock,
Ds Glitzerbrüschtli wölbt er füre,
Öiglet zu sym Wybli düre.

Dert am Börtli blüeit es scho.
D Schmätterlinge schwinge froh
Ihrer sametfyne Flügel,
Fäcklen über Bluemehügel.

Früelig, schöni Früeligszyt,
Machsch mir ds Härz so warm u wyt
U vertrybsch di chalte Schatte
Uf de guldiggrüene Matte.

Maietag am Thunersee

I schön bböglete Uniformhose u mit obsigddrähjtem Gabel-
schnouz steit der Kapitän uf em Thunerseedampfer «Blüemlis-
alp» am Sprachrohr, cherzegrad wi ne prüüssische Stabsmajor.
Jitz git er e churze Befähl. D Schiffssirene hüület zwöimal so
ugattlech uuf, dass es eim völlig erhudlet u me schier mangleti
d Ohre z verhaa. D Tou wärde glöst, d Reder fa aa wärche,
d Schufle hacken i ds Wasser, dass es sprützt wi imene Chrotte-
weier. Süüferli trennt sech der Dampfer vor Ländti, schwümmt
sachtli vom Ufer ewägg u düre Kanal ufe See use.

I hocke näbenusse, öigle i eimfurt desume u fröie mi ar
sunnige Maiewält underem blaue Himelszält. Der wyss Dampfer
gleitet am Kleist-Inseli verby, wo der berüemti Dichter us der
Zyt zwüsche Klassik u Romantik, der Heinrich von Kleist, 1802
zwe churzi Mönet vo sym Läbe verbracht het.

Hübscheli fat der See aa breiter wärde. Uf der Hofstettesyte
äne säglet e Zylete tubewyssi Schwän am Ufer nah. Outomobil
mit gsunntigete Lüt drinne flitzen obsigdruus, u under de alte
Böim, wo am See stah, träppele chrummi Müeteni, stäckle graui
Manne, zäberle jungi Meitscheni, stögele tuusigwüchegi Jüm-
pferli, pfösele chlyn Chnöpf uf waggelige Beine u haseliere
übermüetegi Buebe. Alls ziet seewärts, em Blüeiet u der Sunne
eggäge.

D «Blüemlisalp» gleitet ar Schadou verby; der See wytet sech
u glitzeret im Sunneschyn wi nes sydis Tuech. Vom Schadoupark
här liedet en Amsle. D Böim sy überhäicht mit junge Bletter, un
us de Studere zünte früschufggangni Blüescht.

Ufdsmal säglet übere Dampfer e Zitronefalter, fäcklet gäge
d Lache-Seebadi u geit undereinisch mynen Ouge verlore. De
wider pfylen is tifegi Schwalbeli über d Chöpf ewägg, stäche
z ungsinnetem i d Töiffi, schnelle umen i d Höchi u jage de
Mugge nah, wo wi glitzerigi Stöibli schwarmwys über em See-
spiegel tanze.

Ärschtiger fa jitz d Maschine aa hämmere, under de Schufle

44

gurglet ds Wasser, d Wälle schnelle a d Schiffswänd ueche u bänggle schneewysse Schuum i d Höchi. Der Kapitän macht es zfrides Gsicht u drähjt der Schnouz zwe Umgäng höcher.

Uf em Schiff geit's nahdisnah luschtig zue. Gwaschlet u gchäderet, glachet u gsunge wird, dass me fasch chönnt meine, all di viile Lüt wüssi nüüt vo Chummer u Sorge u heige ihrer Läbtig no nie öppis z byschten u z chlage gha.

Oder isch es di guldegi, sunnegi Maiewält, wo se alls Schwäre lat la vergässe? Fasch macht's mer der Aaschyn. Ömel ig für mii, i brächt's i däm Ougeblick o nid zstand, der Chopf la z hange wi nes schitterigs Gutscheross.

Im Gägeteil! Ds Härz lachet mer vor lutter Fröid, un es düecht mi, wen i o so ne brave Schnouz wi der Kapitän hätti, chönnt mi wäger gwüss nid überhaa u würd ne allpott en Umgang höcher drähje, dass er zletscht obsig tät luege wi zwöi spitzegi Geissehörnli.

Sicher stüüret üse Dampfer vo eir Ländti zur andere. D Ufer zeige sech im fürnämschte Bluemeschmuck. I allne Farbe lüüchtet's übere See. Millionewys hei d Chirschböim ihrer fyne Blüeschtli füreghäicht u la der Sunneschyn über di sydige Blettli acherünele. Vo de stotzige Börter, wo ds Gras scho bürschtedick steit, zünte d Söiblueme. Es gseht grad prezys eso uus, wi we ganzi Matte wären übergulded worde.

Wo d «Blüemlisalp» z Gunten aaleit, stygen i uus, ga dür ds Dörfli u sträben obsigdruus. Uf eme bluemige Högerli blyben i stah, luegen übere See, gschoue i ds Bärgland yche u öiglen a d Spitzeflue ueche. Über alles breitet sech e zouberhafte Glanz. U me gspürt se völlig i der Luft lige — d Früeligsfröid u ds Maieglück.

No wyter ueche ziet's mi. Uf eme sunnige Plätzli hocken i mi i ds Gras. Hinder mir imene Hag flötet's i höche Töne: «Zi-dö-lü! — Zi-dö-lü! — Zi-dö-lü!» Es munters Fädereputzli schwäcklet düre Busch, gümperlet vo Eschtli zu Eschtli bis uf ds oberschte Zweigli, liedet wider — u flügt furt.

Vo wyt här ghören i's no einisch ganz lysli: «Zi-dö-lü!» Jitz isch's still um mi ume. Nume d Beieli ghört me summe. Uf em spiegelglatte See unde gleite nes paar wyssi Sägel — chly wi Spiilzüüg.

Ohni's z merke, mues i ygschlaaffe sy. Won i ume verwache, geit's scho em Aabe zue. Vo wyt unden ueche ghört me nes Chilcheglütt. D Sunne lat sech bilängerschi meh hinder d Höger ache. No einisch lüüchtet di stilli, grossi Wasserflächi vom Thunersee chreftig uuf u glitzeret, dass es eim fasch bländet.

Der letscht Gloggeton isch verklunge. Hübscheli verlöscht ou das Glüücht u Gstrahl über Bärgen u See. Töif unde isch es scho ganz dämmerig, un us de Wälder chöme dunkli Schatte cho z tuuche. Si strychen übere See, fäckne den Ufer nah, schlüüffe dür d Hoschtetli u schlychen i d Dörfli.

Vo Zyt zu Zyt huscht lutlos e Vogel verby. D Blüemli uf de Matte hei ihrer Farbegsichtleni längschte gsänkt. D Natur leit sech zur Rue. Us der Seetöiffi stygt d Nacht uuf, schwümmt a ds Land u breitet ihre fyschter Mantel über alles.

Es erschts Stärnli güggelet übere Sigriswilergrat. Zfriden u glücklech stäcklen i dür d Maienacht heizue.

Der Früelig chunt

Der Früelig chunt dür d Hoschtet uus
U treit e früsche Bluemestruuss;
Är gümperlet um jedes Huus
U öiglet wi ne Haselmuus.

Är springt de hilbschte Börter nah,
Wo Veieli ar Sunne stah.
Jitz zottlet er am Waldrand nah
Und lat vor Fröid e Jutzer gah.

Mailiedli

Ir Matten uss es Blüemli steit
U glüüsslet us em junge Chlee;
Es schüttlet sech u macht sech breit
U lüüchtet wi nes Flöckli Schnee.

Da chunt es Chäferli derhär
U setzt sech zmitts i ds Chrönli dry;
Si chüschele u hei nes Gchäär,
Es niders möcht gärn ds Schönschte sy.

Doch was si wyters bbrichtet hei,
Het niemer zringsetum verno,
U ds Chäferli isch ersch du hei,
Wo d Stärnleni sy fürecho.

E Sunntig im Lötschetal

Verwiche bin i mit mym Rösli, myr junge Frou, uf der Lötschbärgbahn Goppestei zue ggutschiert, vowäge es het mi halt umen einisch a allne Haare i das abglägne, heimelige Lötschetal hindere zoge, i das stille Bärgtal, wo d Lonza sit Ewigkeite ruuschet, wo ds Bietschhorn wi ne Riis uf di wätterbruune Hüttli achegschouet, u wo vo wyt hinderfüre der Langgletscher wi nes früschgwäschnigs Lylache züntet.

Scho währed der Fahrt sy mir e Huuffe alti Erinnerige vor de Ougen uftoucht. I ha das sunneverbrönnte Hüttli z Blatte hinde wider gseh, wo vor Jahre der Kunschtmaler Anneler gwohnt het. No ganz guet man i mi bsinne, wo mer zsälbisch i syr Stuben inne sy gsi un er is e ganzi Ryglete Gmäld zeigt het. Druufache isch er no nes Stück wyt mit is i ds Tal hindere cho.

Jedesmal, wen ig i ds Lötschetal gah, chumen i ume uf ihn z rede. Mi het ne dert no nid vergässe, trotzdäm är scho längschte gstorben isch.

Vor paarne Jahre bin i ömel o wider einisch gäge d Fafleralp hindere gwajaschiert. Underwägs bin i am Poschthalter vo Wiler begägnet. Er isch grad vo Kanderstäg här cho. Dert isch er schyns bim Dokter gsi. I ha ne du ömel under anderem o gfragt, wiso dass är nid hie zum Dokter gangi, es wäri doch näächer. Da het er glachet u mir gantwortet, es gäbi halt i ganz Lötsche keine, der näächscht sygi z Kanderstäg, der zwöitnäächscht z Brig.

Nach eme Wyli sy mer o ufe Kunschtmaler Anneler cho z rede. Jitz het's us synen Ougen aafa lüüchte, un är het zu mir gseit: «Ja-ja, der Kunschtmaler Anneler hei mer gärn i üsem Tal gseh. Das sy no anderi Zyte gsi, wo Anneler i syne Bilder feschtghalte het.»

Är het gschwigen u gäge ds Wilerhorn uecheglueget. Nach eme Wyli het er zue mer gseit: «'s isch halt nümme glych wi früecher. Zu eim Teil wäre mer glücklicher, we mer d Lötschbärgbahn nie gseh hätte.»

*

48

Jitz het's undereinisch e Ruck ggä. I bi zämegschosse un us mym Sinnen erwachet. Der Zug isch langsamer gfahre, un i ha ddäicht: ‹Isch ihm äct der Aate usggange, oder was Guggers söll's jitz da zmitts im Bärg gä?›

Verwunderet han i Rösli aagluegt. Das het glachet u gseit: «Du bisch däich i Gedanke versunke gsi. Merksch nid, dass mer bald z Goppestei sy? Lueg, es hället ja scho im Tunnel inne.»

U richtig, ufdsmal sy mer bir Station aacho. Tifig sy mer usgstige u gäge Ferde zue gstäcklet. Won i d Lonza ume ha ghöre ruusche un gseh ha, wi si schuumet un uf d Steine sprützt, da het's mi ddüecht, jitz möcht i grad am liebschte ne chreftige Jutz usla, dass me's uf der Faldumalp obe tät ghöre.

Aber oha! Was söll jitz daas? — Undereinisch isch der Wäg fei echly gääi obsig ggange, über Schutt u Schnee. Es isch e Lawine gsi. Mänge Meter töif under ihre isch d Strass gläge, begrabe under Dräck, Steine, Schnee u Chneble. Echly töiffer isch d Lonza verby ghaschtet. Allpott het si e Sprützer a Schnee uechebbänglet un i eim furt Bitz um Bitz furtgschrisse.

Wo mer sy gäge Finschtertelli ueche cho, isch is e junge Lötschetaler begägnet. Er isch us der Frömdi cho u het heizue wölle, nach Wiler, zu syne Gschwischterti u Eltere, hei i sys wältvergässene Tal. Es Stück wyt sy mer zäme gloffe. Er het is mängs us früechere Zyte verzellt, vom Vatter, vom Grosvatter, vo Begäbeheite, wo scho meh als hundert Jahr zrüggligge.

Wo mer sy usenandggange, het er no einisch zue nis gseit: «Zletschtmal, won i bi us der Frömdi cho, isch's Wienachtsaabe gsi. Es het no nid viil Schnee gha im Tal, bloss e Schue höch. Won i aber dür Kippel düre bi gmarschiert, het's undereinisch so starch aafa schneie, dass i chuum no d Liechter i de Hüser gseh ha. Zwo Stund später hätt niemer meh uf Goppestei füre chönne.

Am Wienachtsmorge sy sächs Meter Schnee gläge. Vier Wuche lang het me nümme us em Dorf use chönne. Kei Poscht isch härecho. Lötsche isch vo der Wält abgschnitte gsi.»

Won er is d Hand bim Abschiid gschüttlet het, seit er no: «Aber schön isch es halt doch i üsem Tal. Wen i scho mys Brot i der Frömdi mues verdiene u's dert nid so schwär isch wi hie, sech dür ds Läbe z schla, so ziet's mi einewäg wider zrügg nach Lötsche, hei i mys Jugedland.»

∗

Wo mer sy uf Kippel cho, isch dert e grosse Volksuflouf gsi. Der Sägesunntig isch grad gfyret worde. Währed der Mäss isch nid nume d Chilche überfüllt gsi mit Lüt, nei, ou uf em Fridhof usse sy si zhuuffewys desumegstande. Uf de Muure sy jungi Müetere ghocket, ds Jüngschte uf em Arm. Meitscheni i wysse Röckleni sy amene Küppeli gsi, der Rosechranz i der Hand, es Gebätbüechli ufgschlage u Myrtechränzli oder guldgälbi Glaschuglen im Haar. Uf allne Gsichter isch e ärnschte, fyrliche Zug gläge.

I der Chilche inne sy i Reih u Gliid Soldate i den alte Uniforme us der napoleonische Zyt gstande. Si hei mächtegi Bäremütze u Gwehr us Grosättis Zyte trage. Wi alti Schwyzergrenadier sy si dagstande, mit ufpflanztem Bajonett u grosse Fahne, vor em Hochaltar, dä — näbeby bemerkt — us em Bärnerland söll stamme un ir Reformationszyt isch übere Lötschepass i das abglägne Tal bbracht worde. O d Monschtranz vo Kippel, so het mir en alti Frou bbrichtet, söll us ere bärnische Chilche stamme.

Nach der Mäss het e Prozässion stattgfunde. E länge, länge Zug isch dür ds Dorf uus, dür di änge, holperige Wägli. D Prieschter sy under eme Baldachin gloffe, u eine dervo het d Monschtranz treit. Froue, Manne, Meitschi u Buebe hei halblut bbättet. D Musig het bblase, u d Tambure hei trummlet. Uf freiem Fäld isch ds Tal ygsägnet worde. Es isch e fyrliche u ärnschte Momänt gsi.

Am Namittag het e zwöite Umzug stattgfunde. Stolz u stramm sy da d Soldate derhärcho. Uf em Strässli vo Kippel nach Wiler sy si i Reih u Gliid ygstande u hei zugswys e Salven abggä, dass es i de Bärgen obe widerhallt het. Dernah sy d Fahne gschwunge worde, u d Musige vo Ferde u Wiler hei derzue bblase.

Währed der ganze Fyrlechkeit hei d Bärge zringsum stumm i ds Tal achegluegt. Ds Bietschhorn het d Spitzi i d Wulche uechegstreckt. Der Luft isch süüferli düre Bärgwald gstriche, u d Lonza het es dumpfs Lied über di bluemige Matte gschickt. I bi näbe mym Rösli amene sunnige Börtli ghocket u ha gluegt u gluegt, un es het mi ddüecht, e grosse, stille Fride ligi über ganz Lötsche, u nes Bitzeli vo däm Fride syg o i mir inne.

*

Bsundersch guet gfalle hei mir bi däm Fescht di vier grosse Fahne. Markus Werle, e junge Bursch vo Ferde, het mir bbrichtet: «Eini vo däne vier Fahne isch Talfahne, di andere dreie sy d Gmeindsfahne vo Ferde, Kippel u Wiler. Alli bis a d Talfahne sy scho ganz alt. Wo d Franzose sy i d Schwyz cho u alles plünderet hei, da heige d Lötscher alli ihrer Fahne ire Höli i de Bärge ob Ferde versteckt. Dert het se niemer gfunde. Sithär heisst di Höli Fahnegruebe.

Später isch d Talfahne verrisse, u d Lötscher hei druuf e nöji i de glyche Farbe la mache. D Gmeindsfahne darf nume ne Ledige trage. Hüratet der Fähnrich, so geit d Fahne a ne andere Ledige über. Nid ganz glych isch es mit der Talfahne. Wott se der Talfähnrich nümme trage, so übernimmt se der Talrichter. Dä tuet se nachhär versteigere, u wär ds höchscht Bott het, wird Talfähnrich u darf ds Banner trage, so lang, dass es ihm gfallt. Talfähnrich z sy, isch für jede Lötscher es Ehrenamt; aber nid all chönne's — es mues eine Gäld ha.

*

Z Kippel han i no en alte Bekannte troffe: der Kunschtmaler Albärt Nyfeler. Scho vor mängem Jahr, d Lötschbärgbahn isch zsälbisch no nid gfahre, isch är i das einsame Hochtal cho u het sech hie uechegschaffet zumene tüechtige, gschickte Maler. Är isch wohl eine vo üsne beschte Alpemaler. Da, i däm himelnaache Lötsche, isch sy Künschtlerseel gross worde. Är sälber isch aber bi allne Erfolge eifach u bescheide bblibe. Z Kippel het er vor Jahre nes eigets Hüsli mit eme sunnige, grosse Atelier la boue. Vor no nid langer Zyt sy mer dert einisch zäme gsässe u hei syner Wärk aagluegt.

Im Summer geit Nyfeler i d Bärge. Dert obe, wyt furt vo allem frömde Gfasel, het er e Alphütte zure Summerwärchstatt ygrichtet. Hie obe, naach am Himmel, rings vo Bärgen umgä, uf bluemiger Alp, da wachst sy Chraft u wird gross u gwaltig. D Lötscher hei der Nyfeler gärn. Si verchehre mit ihm un är mit ihne, grad prezys eso, wi we si zäme da obe ufgwachse wäre.

Es het mir e junge Bursch vo Wiler verzellt: «All Sunntig am Morge, we's nid grad Chatze haglet, ghört me vo der Sunnsyte här es Gjutz, dass es bis uf d Bietschhornsyte übere tönt. D Lüt im Tal bruuche afe nümme z luege, wär es syg, si wüsse's alli, dass es kei andere als der Nyfeler cha sy.»

*

Bevor Rösli un ig sy vo Kippel furtzottlet, han i no schnäll Rieder Anna Maria mit paar andere Töchtere ir Lötschetalertracht u Bellwald Peter, en alte schwarzbärtige Maa, abfotografiert. Dernah sy mer dür ds Kippelried uechegchräblet, gäng höcher u gäng höcher, bis d Dörfleni drunderzueche usgseh hei wi ne Huuffe ärdbruuni Tütschli.

Underwägs hei mer ömel o meh weder einisch di chlyne Gärschten- u Roggenächerli aagluegt, wo blätzewys chuum so gross wi ne Stubebode sy gsi. Vor Jahre han i z Blatte hinder sogar es Gwächsächerli gseh, wo nid emal d Grössi vomene Gartebett het gha. Zmitts i de Felse isch es gläge, amene hilbe, sunnigen Örtli.

Nid bsundersch wyt vo Kippel hei mer imene Lärchewald en eltere Maa mit der Schwigertochter u zweine chlyne Bueben aatroffe. 's het aafa rägele. Mit öppen emene halbe Dotze Guschteni sy di vier Lötscher under d Lärchi z Schärme ggange.

Es Wyli han i mit em Maa gredt. Under anderem het er ömel o gseit: «Viil z verdiene isch ja hie nid. Me mues grüüseli eifach läbe. I bi zfride, wen i öppe grad sövel cha erspare, dass i däne zweine Chlyne da cha Schue chouffe.»

Wo mer sy vone wägg ggange, het Rösli däne beidne Buebleni no öppis z schläcke ggä. Mit glänzigen Öigli hei si gseit: «Vergält nech's Gott viil tuusig Mal!»

«Glücklechi Reis!» hei se nis no nachegrüeft, wo mer sy wyters gstäcklet, der Hockenalp zue. E Blätz wyt isch is no nes Guschteli nachezottlet. Won ig ihm der Gatter vor der Nase ha zueta, het's mir no nes Zytli lang nahgluegt, het sech druuf umgchehrt un isch umen em Wald zue bbeinlet.

Über saftegi Weide sy Rösli un ig nachhär gloffe. Linggs u rächts näbem Wägli hei grossi Anemone, Ankebälleli u Alpeveieli bblüeit. Es isch soo schön da obe gsi, dass i undereinisch e Jutzer über ds Tal gschickt ha. Am liebschte hätt i grad da obe möge blybe. Aber zletschtamänd het is du der Räge nidsig tribe.

Gäge d Kummenalp übere sy mer no ga chehre u nachhär düre Ferdewald achegstige. Jitz sy us em Tal ueche dicki Näbel cho z schnaagge. Em Ferdebach nah sy ganz Schwälm cho. Me hätt chönne meine, im Tal unde tüeji Riise imene grüüslige Chessel Wasser plodere. Der Luft het übere Wald y gwähjt, un us de Tanne sy schwäri Tropfe gfalle.

*

Z Ferde unde isch is no ne Lötschetaler begägnet, wo grad ds Tal uus het wölle. Är isch blybe stah, wo ne aagredt ha. Du het er ömel o zue nis gseit: «Lueget, dert unde, das alte, bruune Hüsli, das isch mys. Dert wohnt my Frou. Ig aber ha hie im Tal kei Verdienscht. Z Brig unde mues i mys Läbe verdiene. Aber jedesmal, wen i ume hei chume, gfallt mir mys Tal, u jedesmal, wen i mues furtgah, chunt's mi schwär aa. We üses Tal scho arm isch, so isch es halt einewäg schön hie. Es gfallt eim gäng dert am beschte, wo me gebore un ufgwachsen isch.»

Ds Ougewasser isch ihm bi däne Worte über d Backen achegloffe, er het sech umgchehrt un isch furt, furt vo syr Frou, sym Hüsli, sym Hei, sym Tal. I ha im Momänt keis Wort fürebbracht. Es het mi ddüecht, es drück mer öpper d Bruscht zäme.

*

Bevor mer heizue sy, bin i z Ferde no schnäll zure eltere Frou ga nes Roggebrot chouffe, bruun wi ne Tannestamm, u hert, dass me mangleti es Bieli z näh, für's usenand z trome. Meh weder e Stund sy Rösli un ig i där nidere Stuben inne ghocket u hei mit där Frou bbrichtet.

«Ja, ja», het si gseit, «d Wält isch schlächter worde. O bis zu üs i ds Lötschetal sy der Hass, der Nyd u d Findschaft cho. Syt em grosse Chrieg het mängs gänderet. Vorhär sy mer es glücklechs Völkli gsi — jitz isch ds Tal arm. Bsunderbar das nöie Strässli het is i d Schulde bbracht. Es wär besser, mir hätti no der alt Wäg.»

«Vili vo üsne junge Lüte müessen i d Frömdi. Mängen isch bim Papscht z Rom u dienet ir Schwyzergarde. Vor no nid so langer Zyt isch em Nachbers Suhn o ggange. Eis aber hei mer gäng no, was is über mängs ewägg hilft: Das isch üse Gloube. Dä hei mer üsne Vättere z verdanke. Die hei nis ne bewahrt. Das isch es choschtbars Gschänk Gottes.» Ihrer Ouge hei gstrahlet, wo si das gseit het.

Bi allem Brichte han ig o echly ir Stuben umegluegt. Es isch suber u heimelig gsi. Amene Dilibalke isch e Spruch gstande. D Wänd hei meh weder es Dotze Chrischtusbilder u Fotografie vo de drei letschte Päpscht gschmückt, un uf eme alte Tisch isch e Rolle sälbergmachts Tuech gläge.

Wo mer sy i d Chuchi usetrappet, han i dert e Chübel voll grüens Züüg gseh. I ha gfragt, was das sygi. Da het mir di Frou zur Antwort ggä: «Das isch gstampfete Räckholder. Dry chunt jitz de no Salz u Mähl, u dernachhär bruucht me's als Gläck für d Chüe.»

Underdessen isch langsam der Aabe i ds Tal cho. Vo Kippel här het me ne Glogge ghöre lütte. Übere Bärgwald uechen isch der Ton gstige, höch, höch ueche, über d Weide, de Felse un em Schnee zue.

Rösli un ig hei Abschiid gno vo Ferde, vom Lötschetal, u sy dür d Dämmerig gwanderet, Goppestei zue. E grosse Fride isch über em Tal gläge; nüüt het di Stilli gstört als ds Ruusche u ds Toose vo der Lonza.

Wo mer düre Lötschbärg zrügg gfahre sy, han i gäng no vor mir das einsame Tal, di heimelige Dörfer, di saftige Matten u fründliche Lüt gseh. Un es isch mir gsi — u mym Rösli isch's nid anders ergange —, wi we nes Stück vo däm grosse Bärgfride, wo mi dert oben uf däne grüene Alpe umgä het, wär i mym Härz bblibe u müesst drinn ygschlosse sy uf alli Zyte, als schönschti Erinnerig a Lötsche.

Chumm näächer!

Es lüüchten alli Hägli,
Verschneit sy Wald u Wägli,
Es glitzret wi nes Silberband
Der Bach im chalte Winterland.

Im Talgrund fat's aa dunkle,
Es Stärnli gsehn i funkle,
Us dyne Öigli strahlt e Schyn
Wi Cherzeglanz, so zart u fyn.

's isch windstill i de Bueche,
So chumm doch näächer zueche,
I ghöre ja dys Härzli schla —
Wär chönnti da no widerstah!

So chumm i myner Arme,
Da drinne chasch erwarme;
Möcht töif i dyni Öigli gseh
U mit dir zie dür Wald u Schnee.

Du bisch mys Hei

Geschter no bisch by mer gsässe,
U jitz bin i ganz alei,
Cha di eifach nid vergässe,
Wo du bisch, da isch mys Hei.

Un es schwinden alli Schatte,
Wen i di ha a der Hand,
Wen i näbe Bluememate
Mit dir wandre über Land.

Wo du bisch, da lüüchtet d Sunne,
Wo du geisch, isch lutter Glanz,
Drum ha ds schönschte Los i gwunne,
Sit i weis: Du ghörsch mir ganz!

Ds Guldstärnli

Es schlycht es Näbeli dür d Nacht,
U lysli ruuschet's um is här.
Höch über üs es Stärnli wacht,
Es Stärnli us em Grosse Bär.

Mir wandere dür ds stille Land,
U ds guldig Stärnli luegt is nah;
Es glüüsslet dür ne Näbelwand
U nickt is zue u lacht is aa.

Es schüttet vo sym Strahleglanz
Guldtröpfli uf dy fyni Hand
U leit dir i dys Haar e Chranz
Vo glitzerigem Silberband.

Der Oberförschter u sy Waldi

I syr Wonig z Chäsiz im Gürbital isch Oberförschter Fridrich am Fänschter gsässe u het zwüsche de Tanne, wo um ds Förschterhuus gstande sy, i ds Freie usegluegt. Sunneliecht isch uf de verschneite Matte gläge. Mi het em bleiche Gsicht vom Förschter aagseh, dass er chrank isch gsi u sech jitz no echly sött schone.

Nach eme Wyli isch er i d Chüssi zrügg gläge u het der rächt Arm über d Stuellähne la achehange. D Ouge het er halb gschlosse gha un öppis gsinnet. Näb ihm isch Waldi, sy Hund, uf eme Bodedecheli gläge u het gschlaaffe. Undereinisch het er sech grüert, isch uf ds Hindere ghocket u het em Förschters Hand gläcket.

Vor Jahre het der Förschter das Hündli, e länghaarige Spaniel mit Lampiohre, emene Rüschegger Chorber, wo näbeby echly ghändelet het, chönnen abchouffe. Das Tierli het dennzumal ganz strub un usghungeret usgseh, so dass der Förschter Beduure mit ihm het gha, u das het ne bewoge, es Aagebot z mache. Si sy du schliesslech handelseinig worde.

Oberförschter Fridrich u sy Frou hei däm Spaniel der Name Waldi ggä. D Elisabeth het das Hündli gärn übercho, het's ufpäppelet u mit viil Liebi pflegt, so dass der Spaniel gly einisch es bessers Ussehe übercho het. Aber er het o d Liebi gspürt un isch vo Tag zu Tag zuetroulicher un aahänglicher worde.

U jitze, wo der Förschter i sym Lähnstuel hindereglägen isch u syner Gedanke i de Gurnigelwälder obe sy gsi, geit ufdsmal d Stubetüren uuf, u d Elisabeth, sy Frou, bringt ihrem Maa der Namittagsggaffi, stellt ds Häfeli uf enes runds Tischli u tuet ihm d Chüssi im Stuel zwägrücke.

Är danket u seit zur Frou: «Es geit mer hütt afe echly besser, Schmärze han i keiner meh, numen e grossi Müedi gspüren i gäng no i allne Glider. Hoffetlech chan i gly wider i myner Bärgwälder ueche.»

D Frou het zur Antwort ggä: «Daas hingäge isch no z früe.

La's zersch la Früelig wärde! Du bisch no nid bi Chräfte, u d Wälder im Gurnigel- u Gantrischgebiet obe louffe dir wägerli nid dervo.»

«Das scho», seit Fridrich, «aber o d Arbeit nid, wo uf mi wartet. Nenei, Elisabeth, eso lang halten i's da unde nid uus. Späteschtens nächschte Monet zottle Waldi un ig wider bärgwärts!» D Elisabeth het gschwige, der Ggaffi ygschäicht un isch wider i d Chuchi use.

Der Förschter het es Stückli Brot i Ggaffi ddunkt u's mit de Worte em Waldi eggägegstreckt: «Gäll ja, du fröisch di ou uf dä Tag, wo mir beidi wider im Gantrischgebiet obe düre Jungwald chönne gah, dert, won i vor viilne Jahre im Uftrag vom Staat gross Flächene Alpweide ha müesse la ufforschte.»

Es isch grad gsi, wi we Waldi di Wort hätt verstande. Übermüetig isch er ir Stuben umegrennt u het ufdsmal e Ggump uf ds Förschters Schoos gno. Dä het glächlet, sys aahängliche Hündli gstrychlet u zuen ihm gseit: «Ja-ja, Waldi, hesch lang müesse warte, i weis es scho.» No einisch isch er mit syr bleiche Hand, wo schier echly zitteret het, über ds fynhaarige Fäll vo sym Tierli gfahre. U Waldis Ouge hei glüüchtet wi zwöi chlyni Sunneli.

Em Oberförschter isch es jitz vo Tag zu Tag besser ggange. Mi het ne bi guetem Wätter öppen im Garte gseh desumespaziere. Gäng isch ihm der Waldi nachezottlet u het ne uf Schritt u Tritt begleitet.

Im Gürbital unde het's bereits kei Schnee meh gha, a sunnige Hänge u Börter hei scho di erschte Blüemli us em junge Gras füreggüggelet, u Muggeschwärm sy ir Luft umetanzet.

Aber oben im Gurnigel- u Gantrischgebiet het no viil Schnee a de Tanne gchläbt. Jede Morge het Fridrich gäge d Bärge gluegt, un es isch ihm gsi, wi we ne e starche Arm i ds Bärgland ueche tät zie.

Nöji Chraft het er i sym Innere gspürt, u wen er alben am Aabe im Bett glägen isch u mängisch nid het chönnen yschlaaffe, de het er a de nöie Ufforschtigsplän umegstudiert.

Är het gwüsst, dass i früechere Jahre d Gantrisch-Sense u vor allem d Gürbe bi Hochwasser gross Schäden aagrichtet hei. U inere Gschrift het er sogar gläse, dass d Gürbe in alte Zyte als der wildischt schwyzerisch Bärgfluss syg bezeichnet worde, will si mängisch ds ganze Gürbital überschwemmt u mit Schutt überdeckt u so i ne Wüeschti verwandlet heig.

Glitte hei d Gmeinde ds Tal ab bis Bälp. Drum hei si 1854 inere Petition verlangt, dass wyteri Verbouige un Ufforschtige sötte gmacht wärde. — Bis 1881 sy vieresibezg Talsperrene ir Gürbeschlucht u sächse im Chaltbachgrabe erbout worde. Im Meierisligrabe het me zwedryssg — vorab hölzig — Tromschwelle als Soleversicherig la yboue.

Inere Botschaft, wo der Bundesrat am 30. Ougschte 1892 a d Bundesversammlig grichtet het, isch bscheidet worde, dass wäge de viile Näbebäch — der gfährlechscht sygi der Meierisligrabebach — d Gürbe gäng wider unghüüri Schäde verursache tüeji.

Nöji Verbouige sy fasch Jahr für Jahr nötig gsi. Vermehrt sy jitz aber o Ufforschtige düregfüert worde, für so der Wasserabfluss z verringere. So het me im Yzugsgebiet vo Gürbe u Gantrisch-Sense sit 1888 über 1800 Hektare bepflanzt — eis vo de gröschte Ufforschtigsgebiet vo der Schwyz.

Während d Underlandbuure das begrüesst hei, sy d Alpbsitzer uzfride worde u hei sech mit Hände u Füess gwehrt, damit si ihrer schöne u saftige Alpweide nid verlieri! Das het derzue gfüert, dass Enteignige sy notwändig worde. Viili vo däne het zu syren Amtszyt o der Oberförschter Fridrich müesse dürefüere. Das het ihm verständlicherwys bi de Alpbsitzer nid nume lutter Fründschafte gschaffe. Aber o di arme Geissebuurli sy nid begeischteret gsi, wil d Ufforschtige vo kilometerlänge Stacheldrahtzüün sy umgä worde, wo ihri Weidgründ no meh ygschränkt hei. — U jitz, wo der Förschter sech het müesse daheim stillha u gedulde, isch alls Erläbte, ds Schöne u ds Ugfröite, i sym Chopf wider läbig worde.

*

No bevor der Früelig im Tal unde a Strüücher u Böim d Chnoschpe gsprängt het, isch Oberförschter Fridrich amene sunnige Morge der Gurnigelwald zdüruuf gloffe. Näb ihm isch Waldi zöttelet u bald hie u bald dert näbenuus gsatzet, het a öppisem gschnupperet oder isch amene Eichhörnli nahgjagt u het ihm lang etüüscht nachegluet, wen es im Hui über ne Tannestamm uechegchlätteret u verschwunden isch.

Stotziger u steiniger isch der Wäg nahdisnah worde, un i grosse Chehre het er sech obsig gschlänglet. I Mulde, Gräbe un a schattige Hängen isch no zimli viil Schnee gläge. Zwüsche de mannsdicke Stämm un under de dunkelgrüene Escht het sech der Förschter wohlgfüelt. Der Wald isch für ihn fasch so öppis wi ne Heimat gsi.

Äntliche sy Waldi u sy Meischter uf der Wasserscheide oben aacho. D Sunne het es glitzerigs Liechtnetz über d Bärge gspannet gha, u zum Gryffe nah sy d Nünene u der Gantrisch gsi. Über em Selibüel isch stolz e Steiadler kreiset.

Der Oberförschter het Uschou ghalte, wo no Ufforschtige sötte gmacht wärde. Für nes nöis Projekt sy d Plän, won er scho vor meh als eme halbe Jahr het usgarbeitet gha, daheim i Chäsiz inere Schublade bereitgläge. An Ort u Stell het der Förschter bloss no einisch alles gnau wölle überprüeffe.

Jitz isch vo der Gägesyte ne Senn, won er sit Jahre kennt het, mit eme schwärgladne Rääf derhärcho. Är het ggrüesst u zum Oberförschter gseit: «Guete Morge, Fridrich, dihr syt scho bizyte underwägs.» Der Förschter nickt, grüesst äbefalls u wächslet mit em Senn es paar Wort. Dä isch druuf wyters gmarschiert, für ir Alphütte nes paar Sache ga z repariere, wo ufe Hustage hii sötten i d Ornig cho.

Mittlerwylen isch Waldi dür höchs Farnchrut grennt u jitz tropfetnass zu sym Meischter zrüggcho. Druuf sy beidi wyterzoge, richtig Schüpfeflue u Süfterne.

Nach eme Wyli het der Förschter ufdsmal e grossi Müedi gspürt, grad wi aagworfe. Är isch uf eme Stei abghocket u het nordwärts gäge Rüeggisbärg gluegt, wo sy Frou als Buretochter ufgwachsen isch.

Das stattliche Dorf mit de währschafte Ghöft isch im Glanz vo der Sunne gläge. Guet het er d Chilche mögen erchenne un o di

60

vorglagereti Chloschterruine vom ehemalige Cluniazenserstift, wo einisch ds rychschte Chloschter uf bärnischem Boden isch gsi. Anno 1484 isch es du aber ufghobe worde, will der Prior u syner Mönche es verschwänderischs Läbe gfüert u ds Chloschterguet vergüüdet heige.

Lang het der Förschter uf ds Pfarrhuus näb der Chloschterruine gschouet. Dert het är synerzyt mit syr junge Frou, der Elisabeth, nach em Hochzyt es paar Jahr gwohnt. Du sy si aber nach Chäsiz umzoge, wo der Förschter es heimeligs Huus het la boue.

Schöni Erinnerige sy jitz i sym Innere ufgstige, un är het a di Zyt zrüggddäicht, won er als junge Förschter unzählegi Mal chrüz u quer dür sys Waldgebiet, über das er d Ufsicht het gha, gwanderet isch. — Lang isch es här, un izwüsche sy syner Haar schneewyss worde.

Är het sich umgchehrt u sy Blick gäge d Bärge gwändet. Schön u gwaltig sy d Nünene, der Gantrisch, d Bürgle u der Ochse dagstande. Bi däm Aablick het der Förschter e grossi Wunschlosigkeit i sich inne gspürt.

Vo Rüschegg här het er jitz ganz schwach ds Aabeglütt vom Chilchli ghört. Är isch langsam ufgstande u het der schmal Fuesswäg übere Süfternegrat i Richtig Schwarzebüel under d Füess gno. Am Jungwald verby isch er ggange, won er vor viilne Jahre het la ufforschte. Waldi isch bald hinder ihm u bald vor ihm bbeinlet, nümme so übermüetig wi am Morge. O är het nümm di Früschi gha wi bym Ufstiig düre Gurnigelwald ueche.

D Sunne het sich bilängerschi meh acheglaa. Da isch es em Förschter undereinisch schier gschmuech u trümmlig worde. D Bei hei ihm aafa schlottere. Är het wider z Bode müesse un isch under eini vo syne Jungtanne abgsässe. Syner Ouge hei ne merkwürdig matte Glanz übercho, un ufdsmal isch der Förschter sytlige i ds Gras gfalle u het kei Wank meh ta. Amene Härzschlag isch er gstorbe, zmitts i sym junge Bärgwald.

Waldi isch erregt um ihn umegloffe, keis Schrittli meh von ihm gwiche u het ihm d Händ gläcket.

*

61

Am Aabe bim Vernachte sy nes paar Senne übere Süfternegrat ycho. Si hei ne Hund ghöre hüüle, schier chyschterig, wi wen er öppis z jammere hätt. Wo si näächer sy cho, hei si der Oberförschter Fridrich gseh unbeweglech am Bode lige. Der Hund het keine zueche gla u gäge jede gschnellt, wo ne Schritt het füretsi ta.

Der Underförschter, wo grad underwägs isch gsi, het das Brüel vo wytem o ghört un isch i där Richtig gleitig obsig gschuenet. Sofort het er der Oberförschter u sy Waldi, mit däm är mängisch bi gmeinsame Waldbegehige ggangglet het, erchennt. Ds Hündli het jitz nümme bbrüelet, derfür aber der Underförschter truurig aagluegt. Däm het's völlig e Stich i ds Härz ggä, won er sy Vorgsetzt het gseh tod am Bode lige.

No am glychen Aabe het me der Oberförschter nach Chäsiz i ds Förschterhuus bbracht. D Elisabeth isch vor Schreck fasch gstorbe u het i eimfurt plääret. O ihrer beide Sühn sy nidergschlage dagstande u hei ds Ougewasser abputzt. Alls het truuret, o Waldi. No lang het er später i allne Egge sy Meischter gsuecht.

*

Nach der Abdankig z Bärn im Bremgarte-Krematorium het me später d Urne uf em Süfternegrat, a der glyche Stell, wo der Oberförschter gstorben isch, bygsetzt.

Nachhär het me ne grüüslig grosse Chalchstei, wo men im Gantrischgebiet entdeckt gha het, la häretransportiere. Won er uf em Grab isch ufgstellt gsi, het me zringsum Alperose aapflanzt.

Es schöners Plätzli hätt me füre Förschter nid chönne finde als hie obe, zmitts i sym Jungwaldrevier, umgä vo Hunderte vo Bärgtanne, wo siderhär all Tag es Danklied über das einsame Grab tüe ruusche.

Wär hütt übere bewaldet Süfternegrat wanderet, begägnet däm Stei, wo's druffe heisst:

«Hier starb und ruht
Oberförster Friedrich.»

Alei i de Bärge

Jitz isch mys Bärgland töif verschneit,
's het hüüffe Flocken achegheit;
U won i gah, u won i trappe,
Het jede Stei e wyssi Chappe.

Keis einzigs Blüemli chan i gseh,
Si schlaaffe undrem chalte Schnee.
Es tuet e suure Bärgluft wähje,
Un i de Tanne früüre d Chrähje.

Es ruuschet öppis ob der Flue,
Der Wildbach singt es Lied derzue,
U rings um mii tüe d Sunnestrahle
Di wysse Zagge guldig male.

I styge höcher Schritt für Schritt,
U's düecht mi, öpper chömi mit
Der Bärgwald uuf, dür Fels u Steine
Un über Grät u gfrornig Raine.

I luegen über ds wyte Land,
U's isch mer, öpper gäb mer d Hand
U füer mi über wyssi Wäge
Em Himel un em Glück eggäge.

Chumm wider ache!

Es trybt mi gäng i d Bärgen ueche,
Grad win i dert müesst öppis sueche.
Es ruuscht e Stimm i mynen Ohre
U fragt: «Was hesch du dert verlore?»

I ha kei Antwort, cha's nid säge
U zie bärguuf uf stille Wäge.
D Flüeblueme luegen alli nache
U chüschele: «Chumm wider ache!»

Herbscht

Der Luft wähjt dusse chalt u ruuch,
Keis Finkli liedet meh im Struuch.
U üses Chirschiböimli treit
Sit mängem Tag es füürrots Chleid.

Mys Müeti hocket vor em Huus
U gschouet über ds Dörfli uus.
Es däicht derby: ‹Wi isch so wyt
Di schöni, guldni Summerzyt!›

*

Der Luft wähjt dusse chalt u ruuch,
Keis Finkli liedet meh im Struuch —
Mir isch's im Härz so grüüsli schwär,
Ach, ds Bänkli vor em Huus isch läär.

Schwäri Zyte

Mitti Wymonet 1853 het us em Gmeindslokal vom Bärg-schuelhuus z Uetedorf e schwache Liechtschyn i d Nacht usezün-tet, un us em Burehuus näbedra, wo nes Fänschterlöifterli vor Schlafstuben isch offe gsi, het me ne Wanduhr langsam ghöre zwölfi schla.

Im Dorf unden isch es still gsi, u ne dicke Näbel het sech süüferli wi ne warmi Dechi über d Husdecher gleit. We nid i der Willerütti obe ne Hund aaggä u undehär i der Hohlegass en andere bscheidet hätt, bös u hässig, so hätt me chönne meine, es ligi alls, Möntsche u Tier, im töifschte Schlaf.

Wiso di beide Hünd Lut ggä hei, isch gly einisch uscho: Vom Butschebüelwäldli här het me Schritte ghört. Es sy zwe stämmig jung Manne mit umghäichte Vorderlader gsi, wo vo ihrem Nachtpatruliegang sy i ds Schuelhuus zrüggcho. Si hei zur Wald-u Fäldrävelwacht ghört, wo sit dreine Wuche im Gmeindslokal gnächtiget het, zwöi Dotze chreftig Manne u ne Wachtschef, ufbbotte vo der Gmeindsbehörd.

Wo di beide Patrulöre i ds Gmeindslokal ycheträtte sy, isch der Poschteschef Chrischte Büelme mit dreine andere amene alte, wurmstichige Tischli ghocket. Im Schyn vomene brönnige Öltägeli hei si e Chrüzjass gchlopfet, un underwyle het der eint oder ander mit eme Steihouermüpfli es Glesli Wältwundersirup, wo Pagan Liebu im Chehr gspändet het, hinderegschüttet.

Liebu isch der Meinig gsi, we me zwo Stund lang de Pflanz-blätze un Ächer nah u dür d Wäldli wajaschiere mües, für de Holzfrävler un Obscht- u Gmüesschelme ga z luusse, de sygi öppis Wermigs nume vom Guete; es nähm der Hueschte, wo eim chönnt verrate, u gäbi Gurasch, we's sött nötig wärde, amene Frävler e Schutz Pulver i Hosebode z jage.

Am Gurasch dörf's nid fähle, das heig verwiche im Chumm e Längebüeler erfahre, wo's nid gwagt heig, rächtzytig abzdrücke. Drei Frävler heige ne z ungsinnetem mitsamt em Vorderlader brunneträglet u sech druuf tifig dervogmacht. Won er flätschtropfnass us em Trog gstige syg, heig er wölle schiesse; der Schutz syg aber nid losggange, vowäge ds Brunnewasser heig ihm ds Pulver gnetzt.

Der Poschtechef Büelme Chrischte het, wo di beide Patrulöre sech zrügg gmäldet hei, syner Charte ufe Tisch gleit. Är het sech gäg di beide junge Manne — der eint isch Peiels Fritz gsi u der ander Huttis Chrigi — ddrähjt, der verlöschnig Tubaksürggu vo eim Muuleggen i andere gschobe u gseit: «So, heit'er öie Chehr gmacht u chömet mit lääre Hände zrügg? I ha ddäicht, die Nacht chönnt's e guete Fang gä; es isch dusse stockfyschter u derzue Samschtig, di äberächti Zyt, wo d Schelme füre Sunntig vorsorge. A somene Aabe wird Gmües un Obscht chorbwys gstibitzt. Wi wett's o anders sy i däre schlächte Zyt!»

«Es sy nid nume Fulänzer u Schnäpseler, wo der Frävelsucht verfalle sy; o Not u Armuet bringe mänge uf di heltegi Bahn. Jahr für Jahr müesse mer gäng meh Lüt, fasch alles Frouen u Chind, verchoschtgälte oder i Umgang schicke, u der Gmeindrat muess bald jede Monet es Halbdotze Armuetsschyne usstelle. I mänger Familie fählt ds Gäld, u de passiert's äbe gärn, dass der eint oder ander etschlipft u hindere chunt, wen er nid cha bläche.»

«Un am Änd vom Lied blybt der Gmeind i de meischte Fäll nüüt anders übrig, als uf alls ueche no d Gfangeschaftschöschte z zale, wi's ersch chürzlige wider isch der Fall gsi», underbricht ne Huttis Chrigi. Eine vom Jasserchleeblatt bängglet dry: «Der Gmeindrat sött äben echly besser luege, de tät's gly einisch lugge, u mir müesste nid Nacht für Nacht mit Pulver u Blei däne arme Tüüfle ga abpasse.»

«Kritisiere geit ring, besser mache aber het syner Nüss», git ihm der Poschtechef z wüsse. «Im Gmeindrat gseht me d Notwändigkeit y, de Arme byzstah. Das aber het syner Gränze, wil d Finanze fähle. Scho im Hustage vor zwöiehalb Jahre het me Aasträngige gmacht, em Läbesmittelmangel u der Verdienschtlosigkeit byzcho. Mi het o bi der kantonale Regierig aagchlopft un uf Bärn ache gschribe, dass z Uetedorf tatsächlech viil Familie ohni Läbesmittel u Verdienscht syge.»

«Das stimmt», meint Peiels Fritz, «u ne Monet später het me uf Aatrag vom Schuelmeischter Wänger Hans e Komission ygsetzt, wo het müesse feschtstelle, wär unterstützigsbedürftig syg. Als erschts het me allne däne, wo am dümmschte sy dranne gsi, Samhärdöpfle u Dünger abggä, damit si hei chönne aapflanze.»

Ab däm Gred isch eine vo der Wachtmannschaft, wo mit de andere zhingerscht im Lokal im Strou gschlaaffe het, erwacht. Är het scho nes Wyli zueglost u jitz us sym fyschteren Egge, fasch no echly schlafsturme, fürebbrösmet: «Eso isch es; uf jedi armi Person het's es halbs Määs Samhärdöpfle ggä, u wär fürigs Pflanzland het gha, dä het vorschusswys no öppis Samguet übercho. Er het sech aber müesse verpflichte, das im Herbscht nach em Härdöpfelgrabet zrüggzgä.»

E zwöite Jasser fallt y: «I gibe nid viil uf das Zrüggä; ömel Botts Hannes' Bhusme, wo färn z Thun im Schloss vierzäh Tag Ferie gmacht het, wil er im Butschebüelhölzli, im Haschpelwäldli un im Längebüeler meh weder dryssg dürri Tannegrotzli gfrävlet het, isch hütt no Samguet schuldig. Das cha me wägergwüss i ds Chemi schrybe. I wett no nüüt säge, we syner Chind im Winter d Härdöpfle hätte under d Zähn übercho. Aber dä Schyluggeri u Nüütnutz macht's Jahr für Jahr glych. Im Hustage müesse d Frou u d Chind d Wältwunder setze, u vor em Ywintere lat dä fuul Pleger di meischte Härdöpfle im Verschleikte la brönne. Für settig wär's nüüt schad, we me se nach Amerika tät spediere.»

«Mi het dervo im Rat scho öppis aaddüttet», seit druuf der Poschteschef. «Es sy ja ne ganzi Zylete, wo über ds grosse Wasser möchte, meischtens rächtschaffeni, willegi, aber armi Lüt, wo gloube, dass si z Amerika äne wyters chäme als hie. Wäger wär's nüüt schad, we me däne öppis minderi Ruschtig mitgäb. Da bin i glycher Meinig wi du. Es blybti der Gmeind notti no mängi schwäri Burdi.»

Jitz isch im Strouegge hinden o Gräbelimanis Miggu erwachet. Er isch ufgstande, het d Stierefädere us em Halblyn gschüttlet, vore am Tisch Platz gno u gseit: «Nachetruure tät em

Botts Bhusme, em Müller Bänz, niemer; meh röie hingäge täte eim Trini, sy Frou, u syner gattliche Chind, ömel ds Marianneli, ds eltischte, wo geschter isch zwänzgi worde.»

«U hinecht mit ds Almosers Ueli bim Wysswäldli obe nahgfyret het», underbricht ne Peiels Fritz. «Wo Chrigi un ig uf üsem Gang über d Buchshalde zur Amletemüli u gly druuf i ds Fronholz sy cho u niene öppis gmerkt hei, sy mer wytersgschuenet, am Wysswäldli nah richtig Stockere. Mir sy süüferli am Wägrand nahgstaabet, eine hinder em andere, u keine het es Wort gredt. Du ghöre mer ufdsmal Tritte. Chrigi git mer e Düt. Mir düüssele sachtli ds Börtli ache u verstecken is im vorderschte Turbehüttli vom Bachtelemoos. I lige ufe Bode, stosse der Gwehrlouf zwüsche zwöine Wandscheieli düre u spanyfle wi ne Habch uf ds Strässli ueche. Der Mond, wo grad hinder em Zigerhubel het wölle verschwinde, glüüsslet für nes Momäntli zwüsche de Wulche düre u blinzlet mer zue, wi wen er wett säge, i dörfi d Büchse fräveli us em Aaschlag näh, was da derhär chöm, syg nüüt Uguets.» Är hüeschtlet, zwinkeret mit den Ouge u meint: «Chrigi, verzell du jitz wyters.»

Dä nimmt der Faden uuf u fahrt furt: «Bim churzen Uflüüchte vom Mond hei mer ds Almosers Ueli u ds Müllers Marianneli erchennt. Si sy langsam cho z träppele, Ueli im Mutz u Marianneli im Wärchtigtschööpli. Är het der rächt Arm um ds Meitschi gleit gha, un äs het sys hübsche Chöpfli gäg ihn gheltet. Uf der Höchi vom Turbehüttli het Marianneli mit ere Stimm, wo me ne truurige Unterton het usegspürt, zu Ueli gseit, es sygi besser, enand luege z vergässe. E habliche Buresuhn u nes arms Meitschi, das passi nid zäme, un es wett nid der Urhab sy, we der Grabe zwüsche Vatter u Suhn sött töiffer wärde. Un es wärdi eh weder nid derzuecho, dass ihri ganzi Familie, wi's bereits im Dorf syg verluttet worde, nach Amerika mües uswandere.»

«Was Ueli druuf gantwortet het», verzellt Chrigi wyter, «han i nid verstande. Beidi sy bereits z wyt ewägg gsi. D Fyschteri het se gschlückt, u vo der grossen Eich im Moosacher het me nes Chutzli ghöre rüeffe. I ha für mi ddäicht, das bedütti nüüt Guets für di beide.»

Peiels Fritz chunt e Schritt näächer u meint zum Poschteschef: «Es isch besser, we der Almoser nüüt vo allem vernimmt; er würd Ueli ugäbig ds Mösch putze.»

«Nid nume daas», seit druuf Büelme Chrischte, «Stettler Godi, der Almoser, trybt am meischte dranne, dass me ds Müllers Bänz mit der ganze Familie über ds grosse Wasser spedieri. Eso chäm ds Meitschi sym Junge für gäng us den Ouge. Mi cha's mit de Händsche gryffe, wiso er sech scho meh weder einisch bim Burgerrat für ne ghörige Schübel Uswanderigs-bystüür für ds Müllers verwändet het.»

Jitz het me ne Schutz ghört. Der Poschteschef rysst ds Fänschter gäg der Bärgstrass uuf, het der Aaten aa u lost i d Nacht use.

«Richtig Eichbärg het's gchlepft», meint er, «vo derthär sött jeden Ougeblick di nächschti Patrulie cho.»

Eine vo der Wachtmannschaft, em Sitterichter Wängers eltischte Suhn vom Lehn, lachet im Strouegge hinde u rüeft füre: «Das isch öppe ne Schreckschuss gsi us der Dragunerpischtole vom Major vo Fischer. Es het däich eine der Chöchi wölle ga schybe, u so öppis wott der Eichbärgheer nid tole.»

Hie häicht Huttis Chrigi y: «'s isch eini vo der Junkeregass z Bärn, chräschlig u chäch.» — «Du wosch säge heiterschüüch u fyschterzahm», mischt sech eine vo de Jasser dry. «Es mues en aamächeligi sy, süsch tät's d Nachtbuebe nid a allne Haaren i Eichbärg hindere zie.»

Gräbelimanis Miggu, wo sech underdessi füre Nachtpatrulie-gang zwäggmacht u drei ander gweckt het, brösmet nach eme Wyli troche füre: «Guet gmodlet isch si scho, em Major vo Fischer sy Chöchi; ds Müllers Marianneli hingäge tuet se i der Hübschi düre. Es settigs Graniumgrindli findt me wytume niene. Wen i no lidig wär», är schläcket bi däne Worte ds Muul, «tät ig mi nid lang bsinne. Himeltruurig isch es bloss, dass sy Alt e settige Fötzel u Nüütnutz isch u kei Gredi u kei Halt het. Syr Tächter isch er ds gröscht Hindernis uf em Wäg zum Glück.»

Miggu schwygt undereinisch u luegt gäge d Türe. Mi ghört Schritte uf der Bsetzi.

«Das isch di zwöiti Patrulie», meint der Poschteschef u geit zum Wandschäftli. Dert nuschet er öppis, bringt zwöi Seckli mit Pulver u Blei u stellt sen ufe Tisch. «So, Manne, seit er zur Ablösig, machet nech zwäg, da heit'er Ruschtig für öier Chlepfschyter.»

D Türe geit uuf un yche chöme di beide Patrulöre? Feller Franz vom Bärg u Pfischter David vo der Riederegass.

«Gället, dä Schutz, wo mer vor eme Wyli ghört hei, isch nid vo öich gsi?» fragt Sitterichters Peter. «I ha nämli gseit, es syg e Schreckschuss, mit däm der Major vo Fischer im Eichbärg d Nachtbuebe heig wölle vertrybe, wo zu sym Chuchidraguner heige wölle ga aabesitzle.»

«Da hesch de wüescht dernäbepreicht», git ihm der himuläng Pfischter David zur Antwort. U Feller Franz, e chreftige Braschi, streckt ihm sys Gwehr eggäge u seit: «Us däm Louf het's gfüüret, süsch gspür, er isch no warm. Gschosse han ig i öier Hoschtet. Wo mer d Lehnholen uechechöme, gseh mer undereinisch eine mit eme platschvolle Seckli vo öiem grosse Annebäbeleröpfelboum furtdechle. I rüeffen ihm nache, är söll halte. I rüeffe nes zwöits u dritts Mal. Wo's nüüt battet, jagen i e Schutz näb ihm düre. Er het's allwäg ghöre pfyffe u blybt stah. Mir göh uf ihn zue — u wär isch's? — 's Müllers Bänz!»

David underbricht ne u verzellt wyter: «Ds Seckli mit de Annebäbeler hei mer ne bi öich under d Yfahrt la stelle u ne druuf la louffe.» — «Das hei mer», fallt Franz y, «aber mir hein ihm gä z wüsse, dass me ne bim Burgerobme mües verzeige u dass d Suppe, won er sech ybbrochet heig, wärdi e gsalzni sy.»

«Usgrächnet ds Müllers Bänz!» seit nachdänklech der Poschteschef Büelme. «Das isch Wasser uf d Müli vom Almoser. Dä wird stüpfen u stosse, bis der Uswanderigsagänt Delporte us Bärn syner Schäfli z Le Havre cha verfrachte — mitsamt Bänz u syr Familie. — So, Manne, di beide nächschte Patrulie uf d Socke! U mir andere wei no nes Rüngli i ds Strou schlüüffe, süsch sy mer de morn bim Schwelle a der Aaren usse nüüt wärt.»

Vier Maa sy churz druuf zur Türen uus. Dussen isch e starche Luft ggange u het di höche Chrone vo de Saarböim bim Schuelhuus i Bewegig gsetzt, u ganz schwach het me ds Butschebüel-

70

bächli ghöre ruusche. Ei Zwöierpatrulie isch gäge ds Gibliz u d Hurschgass, di anderi Richtig Dorf. Wo di beide Patrulöre bim Turm verbychöme, schlat's eis. Der eint seit zum andere: «Schlaft ächt Eichers Bäbi? Es isch jitz scho nes paar Jährli, dass sy Maa, der Chrischten Eicher, i ds Inselspital nach Bärn het müesse u nümme zrüggcho isch. Bäbi het dennzumale es Gsuech gstellt, i Turm dörfe z zügle, un es het tüür u fescht versproche, guet zum Zyt z luege u regelmässig z lütte. Aber äbe, we me arm isch wi ne Chilchemuus, de wird o ds chlynschte Dach u ds ängschte Stübli gschetzt.»

U der ander meint: «Der Spändvogt Schnyder Hans, wo als Huschnächt bim Major vo Fischer im Eichbärg aagstellt isch, het einisch gseit, es gäbi kei bessere Bode für arm z wärde als dä z Uetedorf. Fasch jedesmal, we d Aare Hochwasser füeri, bräch si düre, ryssi d Schwelle wägg, wi chürzlige die bi der undere Chüeallmid, u verwüeschti ds Land, un im Gmeinwärch mües usbbesseret wärde, was vernichtet worde syg. Da chönn me nahdisch begryffe, dass der Gluscht nach em Uswandere gäng grösser wärdi.»

U nach ere Pouse fahrt er wyter: «I sälber mues mer o überlege, ob's nid besser wär, nach Amerika z gah. Vo de meischte, wo bereits änet em grosse Wasser sy, ghört me underwyle, es göng ne guet, ömel däne, wo's fertigbbracht heige, mit em Bätziwassergutter husliger umgah u nid meine, si müessi Tag für Tag es Mass acheschütte, wi's hie e paar mache u dermit ds Eländ no vergrössere. De chunt's de äben eso wyt, dass nüüt meh sicher isch u mir znacht müesse wächtere, u dass Empfäligszügnis für Lumpesammlerpatänt u settegi zum Husiere mit Chachelgschiir müesse vo der Behörde usgstellt wärde, nid öppe alei für Manne, nei, vorab für Froue u minderjähregi Chind. O eis vo ds Müllers Bänz isch derby.»

Jitz hei di beide Patrulöre linggs abgha, Richtig Zälg. Us em Huus vom Nagler Reischt het es Cherzeliecht züntet. Het's öppe mit der Frou bböset? Si isch gäng echly ne chränkeligi gsi u het ir letschti müesse doktere u ds Bett hüete.

Je wyter ache di beide gschuenet sy, um so meh het se der

Näbel yglyret. D Tritte sy schwächer worde, u zletschtuse isch es ringsum still gsi, wi ire lääre Chilche.

∗

Aafangs Wintermonet het me d Fäldwach wider chönnen uflöse. Nume no d Bawarte hei hin u wider müesse luege, ob gfrävlet wärdi. Ds Dussewärche het mit em erschte Schnee aafa lugge. Wär jitz es guets Dach het über sich gha u kei lääre Chäller, dä het dörfe zfride sy. Aber i de verlotterete Hüttlene, bsunders i de beidne bim Wahlebach obe, wo d Byse zwüsche de Holzchlecke ychebblase het u dür di verlöcherete Schindeldecher der Schnee achegheit isch, u o dert, wo me meh Gätzischmutz als andere für d Röschti het müesse bruuche, damit si nid stübt, u wo's a warme Winterchleider gfählt het, da sy d Sorge u der Chummer Tag für Tag grösser worde.

All das het em Uswanderigsgluscht nöien Uftriib ggä. Un es isch so wyt cho, dass sälte ne Burgerratssitzig isch verbyggange, wo me nid het müesse zumene Gsuech für ne Uswanderigsbystüür Stellig näh. Nach em nöie Nutzigsreglemänt sy jedem Burger hundert Chrone zuegsicheret worde.

Sogar es paar Sträflinge uf em Thorbärg hei ds Gsuech gstellt, für nach Amerika z verdufte. Under däne isch ömel o ne nüünzähjährige Bursch vom Limpach gsi, u d Aastaltsdiräktion het der Burgerrat vo Uetedorf aagfragt, ob d Heimatgmeind nid bereit wäri, füfzg Fränkli z bläche. Mi het däm zuegstimmt, wohl mit em Hindergedanke, me wärdi so em ringschte u billigschte en Uguete los. O uf ds Müllers Bänz het me ne ghörige Druck usgüebt u ne i d Chlemmi tribe, bis er i d Chnöi isch. D Annebäbeler-Affäre het bsunders em Almoser i Chratte passt un ihm e nöji Anthäbi ggä, der Burgerrat z underholze, mit däm Nüütnutz u syr ganze Bruet abzfahre.

Wo im Hustage di zwöipfündige Oschtermütsche a di Notarme sy verteilt worde u der Almoser under de vilne Froue o Mariannelis Mueter erlickt het, meint er zu sym Näbemaa ime giftige Ton: «Dä Hootsch isch wohlöppe ds nächschtmal nümme derby. Es het afe bald kei Gattig u förmt si nüüt, wi d Burger-

72

gmeind gmulche wird. Ds letscht Jahr het es chuum zwöihundert Oschtermütsche bbruucht, u hüür syn es zwöihundertdreienachzg — di höchschti Zahl wo je. I ha nüüt dergäge, we me unverschuldete Notarme hilft; das isch rächt so. Aber dass me settigne Chümitürggen u Schlawyner wi em Müller Bänz, wo ne di glüttereti Röschti scho am Vormittag um d Bei lyret, zu allem andere no di ganz Familie mues erhalte, das geit eifach über ds Bohnelied. Da isch jitz emal der Tschuep uus, derfür garantieren i.»

Mit däne Worte het er sech umgchehrt un isch uwirsche dervogchniepet. Der ander luegt ihm läng nache, runzelet d Stirne u brummlet nach eme Rüngli i Bart: «Es geit ihm däich meh weder nid drum, em Bänz sys Meitli z vertrybe, u nid in erschter Linie ihn. Un es macht si wäger nid guet, dass mir en Almoser hei, wo ds Härz nid uf em rächte Fläcke het. Derzue isch er zämehäbiger als Gygeharz, un us der eigete Hütte lat er nüüt use als der Chömirouch, u dä no röit ne. Es stimmt, der Bänz isch nid e gaarige. Derfür verma si vo syr Familie niemer. Ig für mii ömel ma ne der Oschtermütsche gönne.»

Nahdisnah isch es mit der Uswanderig ärnscht worde. Im Höimonet het me du ne nüünchöpfegi Uswanderigskommission ygsetzt, un es sy drygwählt worde: Wänger Sami im Fronholz, der Gmeindspresidänt Wänger Chrischte, der alt Gmeindspresidänt Graf, Graf Chrischten im Gibliz, der Burgerobme Rolli, Rolli Sami im Yschlag, Pfischter Hannes uf em Bärg, der Weibel Pfischter Sami u der Gmeinschryber Wänger.

Der Burgerobme isch scho zmorndrisch ga Bärn u het dert mit paarne Uswanderigsagänte wäge de Chöschte verhandlet. Wil me fasch allne het müesse Chleider u Chischten aaschaffe u derzue no öppis Sackgäld gä, isch der Burgergmeind nüüt anders übrigbblibe, als bi der Dienschtzinsekasse vom Kanton Bärn dryssgtuusig Franken ufznäh u dergäge ne Teil vo der undere Burgerallmid z verpfände. D Uswanderer hei alli ufe Burgernutze müesse verzichte; derfür het me sech verpflichtet, d Reischöschte bis New York u vo dert no hundert Stund i ds Innere vo Nordamerika z übernäh.

Am erschten Ougschte het d Uswanderigskomission mit em Bärner Agänt Delporte vo der Uswanderigsanstalt Beck u Herzog z Basel e Vertrag abgschlosse. Nach däm hätte sölle nüünesibezg Erwachseni un achtevierzg Chind vo Uetedorf über Paris u Le Havre nach New York transportiert wärde.

Jitz het's undereinisch Läben i ds Dorf ggä, es Gjufel, dass nüüt eso. Di beide Schryner, Büelme Chrischte u Nafzger Sami, hei müesse was-gisch-was-hesch Reis-Chischte mache. Der Chrämer Chrischte Jänni im Lehn het Halblyn un anderi Stoffe für Chleider gliferet. Schnyder Ruedi, Jaggi Köbu, Schnyder Chlöisu, Eicher Bethli, Zutter Lisabeth, Nafzger Marie u Bähler Elise hei fasch Tag u Nacht Chleider gschnyderet, un Eicher Kobi, Brunner Sami im Fronholz, Schnyder Mani u Büelme Chrischte bim Bach hei vor lutter Schueschtere fasch kei Zyt zum Ässe gfunde.

Der Tag vo der Abreis, der zwöit Wymonet, isch näächergrückt. Mänge het nid möge gwarte, un anderi hei plötzlech es merkwürdigs Gfüel gspürt. Si hei jitz aafa überlege, u bi allem Nachedäiche isch's ne gsi, wi we ne öppis Chöschtligs verloregieng. Ömel we si zur Stockhornchötti übergluegt hei un am Aabe gäge d Schneebärge, wo bim Sunnenundergang i rosigem Liecht gstande sy, de het's öppe hie u da im Innerschte eso uschaflig aafa wärche, dass es mängem isch gschmuech worde.

U het me nam Fyrabe us ere Burestube es Handörgeli oder es heimeligs Liedli ghört, de sy im Verschleikte meh weder nid Ouge nass worde. U dises oder äis het gsinnet, das Stückli Ärde, wo me ufgwachse syg — mög es no so schattsytig lige — u wo me Schöns u Schwärs erläbt heig, das chönn me eifach nid ersetze. U d Wurzle, wo me i heimatlech Bode gschlage heig, die chönn me nie ganz usschrysse.

Am Voraabe vor der Abreis het's i der «Chrone» unde en Abschiidsfeschtete ggä. Mi het de Uswanderer no öppis la ufstelle, Dicks u Dünns. Der Gmeindspresidänt u der Burgerobme hei gredt u gueti Wünsch mittggä. Lachen u Hüüle, Jutzen u Wehbere — i allne Tonarte isch es ggange. Di Junge u Übermüetigschte hei mit de Gleser zämeglüttet.

Anderi sy schier nidergschlage u duuch imene Egge ghocket u hei i ds Lääre gstieret. U settig, wo d Läbere vo jehär uf der Sunnsyte hei gha, hei ne Schwetti Chuttlerugger hinderegschüttet u derzue plaraagget, u we sech niemer gachtet het, no tifig e Gutsch i der Wäntele verstouet, vowäge si hei ddäicht, underwägs sött me de o no öppis ha, für der Nahbrand z lösche.

Öpper isch nid i däm Gstürchel gsi u het nid mitgmacht: ds Müllers Marianneli. Uf em Büelhoger obe, under der grossen Eich, isch es ghöcklet u näb ihm Ueli. Är het's fescht a sech ddrückt un isch ihm mit der Hand sachtli über ds gwällete Haar gfahre. «Warum geisch du mit, Marianneli, du wärsch ja hie o fürcho», fragt er nach eme Wyli. «Dy Vatter wirsch o änet em Wasser nid chönnen ändere.»

«Das weis ig o», git ds Meitschi zrügg, «aber i darf d Mueter u di jüngere Gschwischterti nid im Stich la.» U mit eme bittere Ton het's wytergfahre: «Dy Vatter het em Weisevogt Chrischte Bähler un am Strählmacher Feller gseit, er laaji nid lugg, bis di ganzi Bruet furt syg. Begryff, Ueli, zu däre ghören o ig. Es chäm alls lätz use, wen i blieb, chasch mer's gloube. Di Arme sy hie verhasset, i merke's all Tag, drum wott i gah. Dii aber nümme z gseh, Ueli, das drähjt mer schier ds Härz ab.»

Wi nes aschpigs Blatt het's jitz Marianneli erhudlet, u ds Ougewasser isch ihm über beid Backen achegrünelet. Ueli het keis Wort gfunde; es het ne hinden im Hals zämegschnüert, wi wen er e Wörggibire sött achedrücke. Är hätt der eiget Vatter chönne verchnütsche, wen er i däm Momänt vor ihm gstande wär. Ufdsmal aber bsinnt er si anders u luegt dä wüescht Gedanke z verschüüche. Er gschouet Marianneli i d Ouge, töif i d Ouge. Undereinisch nimmt er's ane Arfele, drückt's so starch a sech, dass er der Härzschlag vom Meitschi gspürt. Es düecht ne, es Füür jag ihm düre Lyb, u jitz chleipet er ihm es Müntschi uf ds Müüli u dopplet grad no eis nache.

Marianneli suuset's im Chopf, es löst sech us de heisse Fessle, springt uuf u seit, no ganz erregt: «Mir wei gah, i mues hei.» Es springt der Hoger zdürab, u Ueli rennt ihm nache. Im Fyschtere verschwinde beidi, un us em Dorf ueche ghört me nes Gholei.

Am nächschte Morge sy d Uswanderigswäge bizyte bi der «Chrone» gstande, e ganzi Zylete. Nöi Chischte u mängs anders isch verlade worde, u zletscht sy d Uswanderer ygstige, Manne u Froue, Buebe u Meitschi. Gsamthaft het me jitz, wil zletschtuse no meh sy derzuecho, hundertvierefüfzg Persone zellt. Fasch ds ganze Dorf isch uf de Bei gsi, u vili hei gsüünet, nid nume vo dene, wo ihri Heimat u alls, wo ne isch lieb u wärt gsi, für gäng verla hei, nei, o bi mängem, wo am Strasserand gstande isch, het's nassi Ouge ggä.

Näb em dickschte Saarboum bir «Chrone», halb versteckt, isch der Almoser gstande. Won er's Müllers Bänz mit syr Familie gseht ystyge, ds Marianneli derby, bleich u truurig, es Büscheli Herbschtbluemen i der Hand, da het er spöttisch glächlet u für sech ddäicht: «Rächt so, dass das Pack verschwindet un ig mi wäg däm Huscheli nid länger mues ergere.»

Um d Abschiidsstund z verchürze, het me gjagt u ghüschteret. Bald einisch sy d Wäge i Bewegug cho u der Ägerte zuegrollet. Sogar e Maa, wo süsch nid weichhärzig isch gsi, het bim Zrügg-luege z lutter Wasser plääret u zu sym Näbemaa im Wage gseit: «Jitz gsehn ig üser schöne Bärge niemeh.»

Un Ueli, wo isch dä gsi? Är het em Marianneli am Voraabe müesse verspräche, nid i ds Dorf z cho, es tät ihm süsch ds Härz blüete. Oben am Hutterain isch er under ere Haselstude ghok-ket, het gwartet, bis d Wagekolone isch d Ägerte achecho, un er het ere nachegluegt, bis si im Heidebüeli unde hinder de Wald-böim verschwunden isch.

Du het er sech i ds Gras gleit, d Ouge zuegmacht, un es isch ihm gsi, wi wen es Nacht wär worde, stockfyschteri, chalti Nacht, u d Sunne niemeh hinder em Sigriswilergrat füre tät lüüchte.

Änedra

D Zyt blybt nid stah,
's chömen alli dra,
Frou u Maa;
Jedes mues gah,
We d Stund tuet schla;
Däiche mer drum nahdisnah
A ds Änedra!

Allerseele

Roti Böimli stöh ir Matte,
Wärfe längi, chüeli Schatte.
D Sunne lüüchtet nümm wi albe,
Uuf u furt sy längschte d Schwalbe.

Still isch's uf de Fälder worde;
Möve chöme scho vo Norde,
Näbel schlyche über d Ärde,
Wott es ächt scho Winter wärde?

Jede Morge chalti Ryffe,
U mys Härz cha's nid begryffe,
Dass mys Liebschte furt isch ggange —
's tuet halt gäng no an ihm hange.

Roti Böimli stöh ir Matte,
Wärfe längi, chüeli Schatte —
Un im Chilchhof flügt es Blettli
Ache uf nes früsches Bettli.

Uf guldne Wäge

Mänge geit uf Sunnewäge,
Merkt nid viil vo Sturm u Räge,
Ds Glück isch bin ihm alli Morge,
Geit nid wägg, verschüücht ihm d Sorge.

Du bisch ggange andri Wäge,
Schwäri Schatte sy druff gläge,
Ds Glück isch mängisch vo dir gwiche,
Chummer isch dir nachegschliche.

Hesch viil Sorge müesse trage,
Still für di u ohni z chlage,
Aber alls hesch überwunde,
Nöji Chraft gäng wider gfunde.

Früe scho sy, i junge Jahre,
Schatte über d Seel dir gfahre,
Drum hesch o für frömdi Schmärze
Platz gha i dym guete Härze.

Jitze geisch uf guldne Wäge,
Wo's kei Schatte git, kei Räge,
Still der Ewigkeit eggäge —
D Mueter git dir no der Säge.

Uwätter

Müede wi ne abgschlagne Dürrbächler isch der Lynewäber u Chlybuur Chrischte Guggisbärg Ändi Ougschte 1711, churz nach Mitternacht, im Fronholz oben aacho.

Är het der ganz Tag bir Chander usse, wo dennzumale, lang vor der Ableitig i See, ersch underhalb Thun i d Aare gmündet isch, ar brönnige Sunne müesse hälfe schwelle. U jitz, won er isch verspätet heicho, isch es stockfyschter gsi wi imene Chällerloch, so dass er der Mattwäg zu sym nidrige Holzhüttli, wo sunnsyts vor em Wald gstanden isch, fasch nid gfunde het un underwägs bimene Haar no bald uf em ustrochnete Fätschgras etschlipft wäri.

Süüferli wi ne Chilter isch er i d Chuchi trappet, het vom Wandbänkli näb em Füürchunscht e möschige Cherzestock achegholt u Liecht gmacht. U druuf het er us der Schublade vom alte Chuchitisch, wo scho echly wurmstichig isch gsi, es ruuchs Burebrot füregchnüblet, e tolle Mürggu dervo abddrähjt u ne ständlige achegworgget.

Ir Mittagspouse bir Chander usse het er nöie nid fürnähm chönne läbe. Es halbs Pfund herts Roggebrot, wo me der Wedelegertel hätt sölle näh, für's z vertrome, e ferme Schnäfel magere Chäs mit läderzähjem Rouft, wo chly zviil Salz het verwütscht gha, u ne Gutsch Bätziwasser isch alls gsi, won ihm Änni, sy Frou, het ypackt gha.

Chrischte, wo nid verwöhnt isch gsi, hätt mit der Ässruschtig em Hunger chönne Meischter wärde, hingäge mit em Wänteleinhalt nid bis hinderuse der Durscht lösche. Am Morge, wo der Himel isch mit grauem Gwülch verhäicht gsi, het niemer en Ahnig gha, dass es e brüetigheisse Tag chönn gä u dass suure Moscht besser am Platz wäri.

Das ständige Schwelle isch nöie kei Guetsach gsi. Mi het bösgha derby, isch mängisch, we's Uwätter ggä het, i d Gfahr cho, u Lohn het's keine ggä. Derfür sy d Armuet u d Sorge gäng grösser worde u d Lüt uzfridener. Jahr für Jahr Wasseralarme am louffende Band. Chuum het me di wägg grissene Schwelle, wo a gfährliche Stelle zwölf Fuess höch sy gsi, wider mit Boumstämm usbbesseret gha, het d Chander vo nöiem toset u grumoret, isch bald hie u bald dert dürebbroche, mängisch glychzytig z Allmedinge, z Thierachere u z Uetedorf, u het grossi Wytene überschwemmt un übergrienet.

Alli Chlaage, wo me uf Bärn ache gschickt het, hei weeni u nüüt abtrage. Chürzlige aber, im vergangene Horner, het's äntliche bbattet. Der Rat vo de Zwöihundert z Bärn het bschlosse, d Chander i Thunersee abzleite. Scho im nächschte Jahr sölle d Arbeite i Gang cho.

Gottseidank, het Chrischte für sich ddäicht, jitz lugget's de üsne arme Gmeinde un üs allne. Bis achzg u meh Tag im Jahr Schwelle- u Schutzarbeite z bsorge, derzue kei rote Chrüzer Lohn, am Aabe mängisch dürnässt bis uf d Hut, das hört jitz äntliche gly uuf. 's isch höchschti Zyt, süsch verschulde mer no meh, u di junge Lüt hei ire Gäget, wo i paarne Stunde dür di wilde Wasser alls z nüüte gmacht wird, was me wuchelang erschaffet het, kei Blybe. Statt dass me der Holznutze us de Wälder für Hüserreparature chönnt verwände, mues me di schönschte Tanne für Schwelleboute härgä.

Bi settige Gedanke het Chrischte no nes Chacheli roui Milch achegschlüderet. Druuf isch er us de abtschaarggete Schue gschlüffe u het ds herte Lischegliger im Chuchistübli ufgsuecht. Er het gfunde, er wöll nid zu Änni i d Schlafstube, es chönnti erwache, u de wärd's so sicher wi numen öppis es Hagelwätter absetze.

Ömel denn het's meischtens Füür u Lärm bis under ds Schindeldach ueche ggä, we Chrischte underwyle echly gchäppelet isch heicho. Nid dass er e chronische Schnäpseler wär gsi, bhüetis nei; es het aber chönne vorcho, dass er es ungradsmal, wi am hüttige Tag, im Dorf unde etschlipft un über d Zyt use ebhanget isch.

Daas hingäge het Änni, sy Frou, nid möge vertrage. I settige Momänte het ere d Hässegi nid numen us ihrne chatzgrauen Ouge gluegt, nei, si isch ere völlig i allne Chittelfalte ghocket, un es het mängisch nid viil bbruucht, isch si fürezschiesse cho wi ne füürige Wätterleich; u de wohl, de het's de gflamatzget u ghurniblet u tonachset im Fronholz obe, dass me underwyle gmeint het, ds ganze Ghütt fahri us de Fuege u d Balke chrachi i allne Egge.

We's settig Uschehrete ggä het, isch Chrischte — mi chan ihm's nid verüble — verschmeiete u duusselige worde u het sech glücklech chönne schetze, wen ihm Änni nid, wi öppen ou scho, es Gätzi voll chalts Wasser i d Visage bbängglet het oder mit em Röschtischüfeli wi ne bsässne Sibechätzer uf ihn zdorf isch.

Meh weder einisch isch Guggisbärg Änni chlaghaft worde u het's chönne yfädle un errangge, dass me Chrischte vor ds Chorgricht zitiert u ne dert ärnschthaft ermahnet un ihm d Chappe gschrotet het. Ömel zsälbisch isch ihm ds Mösch ghörig putzt worde, wo men ihm vorghalte het, er syg handgryfflech worde u heigi der Frou ds Bürzi achegschrisse, dass d Haarnadle ir Chuchi umegfloge syge u zmorndrisch no eini bim Zmorgechoche im Milchhafe syg zum Vorschyn cho.

Chrischte het bscheidet, das syg nid halb so schlimm gsi, einisch heig me halt gnue bis obenuus u göng der Zapfen ab, u we's di Here Chorrichter nid chönni begryffe, de syg er meh weder nid bereit, Änni gratis u franko uszmiete, damit jede vone im Chehrum mit sym Rybyse es Zytli chönn gutschiere. Daas hingäge het du fryli nid zoge, vowägen o d Chorrichter hei gwüsst, dass Änni rääss chönn wärde wi nes versalznigs Ärbsmues. Chrischte aber het mit sym Aagebot erreicht, dass es ds Chorgricht mit ere Vermahnig het la bewände. Das het ihm fei echly gwohlet, scho wäg em Gred, wo's im ganze Dorf ume hätt ggä; u däm het er jitz mit eme schlaue Zug chönne d Spitzi bräche.

Um mit em Chorgricht nid vo nöiem i Berüerig z cho, het Chrischte alls dragsetzt, süüferli u vorsichtig daas umzgah, wo nes nöis Wätterlüüchte hätt chönnen erzüge. Das isch ou der Grund gsi, dass er sech jitz i ds Chuchistübli verzoge u hübscheli der Sare bi der Tür zuegstosse het, vowägen er het gsinnet: Sicher isch sicher!

E Chrüzjass im Dorf unde mit Hollands Köbi, em Polizei-
wächter Eicher un em Wannemacher Nafzger het's mit sich
bbracht, dass er länger als süsch isch blybe hocke. «Zwöimal uf
tuusig u ne halbe Rote» het er ygwilliget, wo ne der Polizeiwäch-
ter het aagmacht, mit ne z spile. Aber wi's so geit, us eme
Halbeli wärde gärn zwöi oder drü oder no meh. Chrischte het wi
jeden andere syner Schwechene gha. U wen er es Tröpfli zviil het
zue sech gno, de syn ihm ufdsmal di guete Vorsätz dervogfloge
wi ds dürre Loub am Waldrand, we der Wätterluft dryblast un
alls ufwürblet.

Der Jass im «Stärne» wär no grad i ds Määs ggange, aber e
gfährlichen Egge uf em Heiwäg isch für ihn ds Wirtschäftli bi der
Amletemüli gsi, wo d Fuerlüt us em Gürbital, we si vom Ober-
land oder vom Thuner Märit cho sy, meischtens no zuechegha
hei.

Es Raschtli im Amletewirtschäftli isch allne öppis wärt gsi.
Mit het dert e guete Tropfe übercho, de isch d Luise, d Wirti, e
heimeligi u churzwylegi gsi, u Meieli, ihres einzige Töchterli, het
usgseh wi nes früsch ufgangnigs Öpfelblüeschtli. D Wärchtigs-
tracht isch ihm gar chätzersch guet aagstande. Under sym rysch-
tige, schneewysse Hemli us Sälbergspunnigem het es füürigs
Härzli gchlopfet, i syne Muuleggen isch es heiters Lächle ghok-
ket, u syner Ouge hei gglänzt wi ryffi Chirschi im Sunneliecht.

Da cha's eim nid verwundere, dass o für Chrischte ds Verby-
gah bim Amletewirtschäftli syner Nüss het gha. Ömel wen ihm
syner Vorsätz im Dorf unde sy verloreggange un er uf em
Heiwäg d Buchshalden uuf a sy Byse im Fronholz obe het
müesse däiche, de het's meh weder nid no ne Zwüschehalt im
Pintli am Amletebach ggä.

O a sälbem Aabe het Chrischte gmerkt, dass sy Wille uf
emene chlyne Fläck Platz hätti. Won er über ds steinige Bach-
brüggli gstaabet isch u di schwach erlüüchtete Fänschter vom
Wirtschäftli wi Gluetouge us der Nachtfyschteri gäg ihn zue
züntet hei un es ihm ufdsmal isch gsi, wi we sy Läbere uströch-
neti wäri wi ne Fäglumpe näb eme heissen Oferohr, da het
Chrischte nes paarmal vor sich härebbrümelet: «Graaduus u nid

hüscht!» U würkli, es het bbattet, Chrischten isch verby, we's ne scho ddüecht het, e Magnet schryss ne ab der Strass.

Hinder der Müli aber, wo der Wäg stotziger wird, isch er blybe stah, het e töiffe Schnuuf ta u zue sech sälber gseit: «So, Chrischte, bisch e Brave gsi, dass di hesch chönne überhaa u meischtere; jitz muesch dy Lohn o übercho!»

Är het der Kompass ddrähjt, isch zrügg gschuenet, schnuerstracks em Amletepintli zue u het dert e Dreier Rote bstellt. Drei Gescht, eine vo der Stockere u di beide andere vo Obergurzele, sy gly einisch ufbbroche u hei sech ufe Heiwäg gmacht. D Wirti isch druuf a Chrischtes Tisch ghöcklet, het mit ihm vom Schwelle bbrichtet, u wi ds letschte Chanderhochwasser bös ghuuset heig. U win es öppe cha gah, Chrischte het no einisch nacheddopplet u der Gsprächsfade vo nöiem ufgno.

Won er äntliche ufgstanden isch u's ne ddüecht het, är sygi jitz nümme erlächnet wi nes vergässnigs Beizifass ar brönnige Sunne, het er e Blick uf ds Schwarzwälderzyt a der Wand gworfe un isch schier echly erchlüpft, won er gmerkt het, dass Mitternacht verby isch. D Wirti, wo scho längschte gärn i ds Bett ggange wär, het ihm «Guet Nacht» gseit, u druuf isch Chrischte obsig gschuenet.

Es isch alls nach Wunsch ggange. Im Fronholz obe het's, wi gseit, keis Uwätter ggä. Mit offenen Ouge isch Chrischte gly druuf uf der Lischematratze gläge, het d Ohre gspitzt u glost, ob sech Änni ir Stube vore rüeri. 's isch aber alletwäge still bblibe, u nach eme Wyli het ne der Schlaf überno.

Dass sech gly druuf der Nachthimel mit schwärem, fyschterem Gwülch überzoge u ne chreftige Luft d Waldböim im Fronholz bilängerschi meh gchrümmt het, so dass me di grobgaschtete Chrone wytume het ghöre gyren u gyxe, vo däm het der Lynewäber Chrischte Guggisbärg nüüt gmerkt. Hinder der verriglete Chuchistüblitüre het er em Morge eggäge gschnarchlet.

Änni sälber isch o nid erwachet, weder denn, wo sy Maa isch i ds Stübli gschliche, no denn, wo der Luft im Wald obe het aafa chutte, vowägen äs het drum der ganz Namittag ar heisse, brüetige Sunnen usse müesse wärche, so dass sech d Müedi wi

Blei i alli Glider gla het. Bizyte isch es i ds Bett u het nid lang ufe Schlaf müesse warte. Für Chrischte isch das d Rettig gsi — süsch hätt's allwäg en ugäbegi Uschehrete ggä.

Ds Uwätter i ds Lynewäbers Hüttli bim Fronholzwald oben isch also usbblibe. Derfür aber het es anders mit ere unghüüre Gwalt ygsetzt. Hinder der Stockhornchötti un em Niesegrat, über der Äschihöchi bis gäge ds Niderhorn übere het es grüüseligs Nachtgwitter füürig Chöttene la uflüüchte.

Glüejig Blitze hei enander völlig gjagt. D Grät hei für ne churze Momänt us em Fyschtere züntet, u nachhär het d Nacht wider ihrer pächschwarze Fäcke drübergschlage, u vo wyt här het me dumpfi Donnerschleg ghört u nes uheimlechs Rolle, wi we Steilouele nidergienge. Fasch drei Stund lang het's über de Bärge u Täler im Oberland gfüürwärkeret, mi hätt chönne meine, der Wältundergang syg cho. Das het bigoscht nüüt Guets z bedütte gha.

Scho im Vorsummer het d Chander Hochwasser gfüert u müesam erbouti Dämm wi brüchegi Gartezüünli wägg grisse. Siderhär isch si no meh weder einisch über d Ufer trätte, het grossi Wytene überschwemmt u se mit Schlamm u pfüüschtigem Grien überfüert. Z Allmedinge, z Thierachere, z Uetedorf u z Uttige het me Wasseralarm ggä, un alls het müesse hälfe wehre, o jüngeri Froue u grösseri Chind. U we di wilde Wasser nahgla hei, isch es a ds Schwelle ggange, tage- u wuchelang, hüüffig i Zyte, wo süsch vili anderi Arbeite gwartet hei.

Weder Guggisbärg Chrischte no sy Frou Änni hei ne Ahnig gha, was der nächscht Morge wärd bringe. Beidi hei gschlaaffe wi d Murmle, är fasch echly betöibt vom rote Wy, un äs halb glähmt vom Dussewärche. Wo's gäge Morge zueggangen isch, het undereinisch öpper a d Hustüre polteret. 's isch ds Wängers Hans us em Nachbarhuus gsi. «Hee, Chrischte, ufstah! Ghörsch es nid? Ds Füürhorn geit im Dorf unde, un übere Uetedorfbärg y ghört me nes zwöits. D Chander ruuschet scho bis hie ueche. Tifig i d Hose, es isch Wasseralarm!»

Potz Haguschies, das het Läbe ggä i Guggisbärgs Hüttli! Chrischte het syner verripsete Zwilchhose, won er ar Bettstatt

84

het ufghäicht gha u wo chuum rächt hei möge verplampe, im Schwick ergriffe un isch tifig drygschlüffe. Druuf het er es elters Ermelgilet us em Schaft gno, isch ir Chuchi usse ne Bitz Brot u öppis Dünns ga füresueche, het beides i Giletbuese gstosse u dernah di schwäre Schue, wo um Mitternacht bim Heigah schier echly bbogeti Sole hei gha, aagleit.

Bevor Änni isch zur Stuben uscho, für ihm d Levite z läse, win er gförchtet het, isch er mit ärschtige Schritte, e Grienschufle u ne Pickel uf der Achsle, em Dorf zuegwajaschiert. Uf der Buchshalde vore het er ds Wängers Hans ygholt.

Vom Dorf ueche het me nes Brüel ghört, zwüschenyche isch ds Füürhorn ggange, un im alte Turm obehär em «Stärne» het öpper wi lätz d Glogge glüttet. Es isch mittlerwyle Tag worde. Richtig Zollhuus het me ganz schwach über ne grossi Flächi vo der Talbreiti Wasser gseh glänze. Dert, echly ob der hölzige Brügg, het d Chander bereits der Damm dürbroche gha. O änet der Aare isch d Höll los gsi. D Zulg het äbefalls Hochwasser gfüert, un us em bärgige Hinderland uschaflig Hüüffe Schutt derhärgwälzt. Si het mit ihrne Grienmasse em Aarewasser der Abfluss versperrt, so dass es Stouige het ggä, sowohl bi der Aare wi bi der Chander.

Wo ds Wängers Hans u Guggisbärg Chrischte sy i ds Dorf achecho, begägnet ne Durtschi Marianni vom Butschebüelhölzli. Ganz verdatteret u verstöberet het es drygluegt, d Haar syn ihm offen übere Rügge acheghanget, u d Schue het es nid bbunde gha.

«Chömet hälfet mer», rüeft es, «mys Meitschi, ds Elsi, isch mer bim erschte Wasseralarmzeiche i allne Ängschte us em Huus gloffe, ufe Tanneboden use, für syner Gäns ga heizhole, won es dert über d Nacht im Weidstall het ybschlosse gha. Hälfet mer ums Gottswille! Elsi gwahret d Gfahr nid, es däicht numen a syner Gäns. Un i ha vori, won i d Bärgstrass achecho bi, gseh, dass d Chander bereits amene anderen Ort, viil wyter unde, dürebbrochen isch u ds Wasser gäge Tannebode zuewället.»

Us em Huus vom Trüllmeischter Rolli isch i däm Ougeblick sy jüngscht Suhn, der Dani, cho. Er het ghört, dass Durtschi

Marianni di beide Manne vom Fronholz um Hilf aaggange het. Im Chopf het's ihm aafa füüre, un er isch wortlos näb ne füregschosse wi ne gölete Blitz. Scho längschte het er heimli für das hübsche Meitschi e Schwächi gha. Wen es albe mit syne Gäns dür ds Dorf uus cho isch, für se bir Aaren usse, wo näbe Dörn u Gstrüpp nid viil anders gwachsen isch, z hüete, de het er ihm meh weder nid im Verschleikte nahgluegt.

U mit der Zyt isch im Dorf umegmunklet u gspöttlet worde, em Trüllmeischter sy Suhn wöll allwäg Flösser wärde, süsch gsäch me ne nid allpott bir Aaren usse, won er mit Schyn stundelang zueluegi, wi d Schiff gäge Bärn fahri. Der Vatter isch ihm aber gly einisch ufe Sprung cho u het ihm gä z bedütte, dass de i sym Huus kei Platz syg für ne Gänsejumpfere, wo di halbi Zyt vom Jahr i blutte Füesse desumelouffi u keis rächts Bchleidigsstück am Lyb heigi.

Elsi het gmerkt, dass ihm der Trüllmeischter Rolli nid guet gsinnet isch, un es het gfunde, es sygi besser, wen es mit syne Gäns uf eme Umwäg zur Aaren use göng. Das fyne Fädeli hingäge, wo vo Danis Härz zu sym isch gspunne worde, isch deswäge nid verrisse. Im Gägeteil, es sy nöji derzuecho, eis stercher als ds andere, u zletscht isch es Band entstande, wo o der strängscht u stämmigscht Trüllmeischter nümme hätt chönne abenandschnyde.

U das Band isch es gsi, wo Dani i d Gäng bbracht het. Ganz usser Aate isch er nach eme Wyli i d Näächi vom Tannebode cho. Di nidregi Bodewälle, uf däre der Weidstall, es halbverlotterets Schüürli, gstanden isch, isch bereits vom trüebe Chanderwasser umspüelt worde. Uf däm Inseli ussen isch Elsi gstande, farblos im Gsicht, umgä vo syne Gäns. D Angscht het ihm us den Ouge gluegt, un es het sech nid gwüsst z hälfe.

Ds Wasser isch gleitig höcher gstige. Dani het nid lang überleit. Är het d Hose bis über d Chnöi uecheglitzt, isch mitts dür di bruuni Fluet u het derby chreftig müesse verstelle. Won er isch uf em Inseli aacho, het er Elsi uf syner Arme gno u's so fescht a sech ddrückt, dass er em Meitschis Härzschlag gspürt het. I däm Ougeblick isch es ihm gsi, wi we wyt u breit kei Gfahr ume wär.

Är isch mit syr chöschtlige Lascht i ds Wasser gstige, het alli Chreft zämegno un uf d Zähn bbisse, wen ihm pfüüschtig Steine sy vo de Wälle a d Bei bbängglet worde u's ihm wehta het bis uf d Chnochen yche.

Mit Müe u Not het Dani feschte u sichere Boden erreicht. Langsam het er Elsi us de Arme la rütschte, u won es vor ihm gstanden isch, schlotterigs wi nes aschpigs Blettli, u's ne mit syne grossen Ouge aagluegt het, voll Dankbarkeit unere Glückseligkeit, wo ufdsmal di usgstandeni Angscht het la vergässe, da het Dani ds Meitschi a sech zoge un ihm es Müntschi ggä.

Won er umeluegt, gseht er drei Manne uf ihn zuecho, ds Wängers Hans, Chrischte Guggisbärg u sy Vatter, der sträng Trüllmeischter Rolli. Dani isch zämegschosse, un Elsi wär am liebschte dür ds Chanderwasser uf ds Inseli gflüchtet. Won es übereluegt, gseht es, wi ne grossi Wälle über ds Inseli schlat u d Gäns ewäggschwemmt. Elsi lat e Göiss la fahre, louft em Wasser nah u probiert, syner Tierli z rette. Dani u di drei Manne stahn ihm by, u undehär em Inseli, wo ne anderi Bodewälle ds Wasser sytwärts abddrängt het, schwemmt es d Gäns a ds Land, un es glingt däne föifne, alli z rette. Elsi pläaret vor Fröid u strychlet jedem Tierli über ds Fäderechleid.

Der Trüllmeischter luegt ihm zue, di längschti Zyt, un es isch ihm, wi we in ihm inne ne Veränderig vorgieng. Er chehrt sech gäge di beide Fronholzer u seit: «So, mir sötte no wyter obe ga hälfe.» Zu Dani aber meint er imene Ton, wo dä no nie bi sym Vatter het chönne feschtstelle: «Du hilfsch em Elsi d Gäns heitrybe; u de chasch ihm säge, dass fürderhii für nes Meitschi, wo ds Härz uf em rächte Fläck het, gnue Platz isch i mym Huus. Wär sech däwäg für hilflosi Tierli ysetzt un ane hanget, wird o amene anderen Ort nid versäge un enttüüsche.»

Dermit isch er dervogstaabet u di andere uuf u nache. Nach paarne Schritte drähjt Guggisbärg Chrischten um u rüeft zrügg: «Dani, darfsch de underwyle ds Elsi o zu mir i ds Fronholz uecheschicke, i hätt ihm dert o z tüe. — U no öppis: Wen ig es settigs gmögigs Guldchäferli i mym Huus hätt, i chäm wägergwüss nie meh i mym Läbe vor ds Chorgricht.»

Dür ds Dörfli uus

Es ziet e Bueb dür ds Dörfli uus
U wott jitz furt i d Frömdi gah;
U won er chunt zum letschte Huus,
Da blybt er vor em Gärtli stah.

Am Rosehag es Meitschi steit
U luegt der Bueb gar truurig aa.
Är tröschtet's, git ihm d Hand u seit:
«We d Rose blüeje, bin i da.»

U wo nes Jahr verby isch gsi
U d Rose glüüchtet hei am Hag,
Da isch kei Bueb bim Huus verby,
Wo ds Meitschi gluegt het Tag für Tag.

Druuf isch der Winter cho i ds Land —
Zum Chilchhof hei si ds Meitschi treit;
Sys Müeti het ihm no i d Hand
Es Strüüssli roti Rose gleit.

Der letscht Wäg

E Glogge tönt, es Blettli fallt
Vom Saarboum ufe Wäg;
's isch näblig dusse, füecht u chalt —
E Maa louft übre Stäg.

Är geit graduus, mit müedem Schritt,
Der Näbel lyrt nen y —
U näbedra geit eine mit,
Wär chönnt es ächtert sy?

's wird fyschter jitz, es Chutzli schreit
Vom Saarboum über ds Land;
Es Lüftli wähjt, es Blettli gheit
Mer süüferli uf d Hand.

Der Gloggeton isch nümme da,
Es tropfet i de Häg —
Hesch gseh dä Maa? 's chunt jede dra,
's mues jede übre Stäg.

Guldchörnli

Häb Sorg zum Glück u bis mer nid ruuch,
's isch fyn u zart wi ne Rosen am Struuch.

*

Dert, wo der Fride lasch la walte
U nie tuesch d Liebi la erchalte,
Da cha zum Paradies uf Ärde
Sogar es schitters Hüttli wärde.

*

Mi sött meh hälfe, sött meh zämehaa,
Es würd derby üs allne besser gah.

*

Mängs Chörnli isch scho i steinigem Boden errunne,
's bruucht weeni derzue: chly Härd u chly Rägen u Sunne.

*

We d Ähri guldig lüüchten über ds Land,
Blyb stah u lueg — u nimm der Huet i d Hand.

*

's gseht mänge bim andere Lugi u Lischte
U hätti im eigene Gwüsse gnue z mischte,
U wägerli wär mer di brevere Chrischte,
We ds Giftele jede lies blybe u ds Gischte.

*

Oha lätz!

Dopplets Soupäch

Hinderholzbrächtu u Eggmattdänu hei verwiche Galgehoger-chrigu, wo gäng echly hochnäsig isch gsi, gar en uflätige Streich gspilt u ne dermit ugäbig i d Stöck bbracht.

Chrigu het mit em Moori wölle uf Chrattebüel fürefahre, zum Grossrat Schwarzenegger sym Eber, vowäge sy Frou, d Lisette, het ihm scho lang gseit, das mües jitz eifach sy, u si laai nid lugg, bis ume ne Räblete Färleni im Söistall desumefägieri.

Äntliche het Chrigu nahggä, u wo ds Moori eis Tags grad i der richtige Verfassig isch gsi, het er der Chalberchrome u ds Bock-wägeli bereitgstellt. Won er ds Moori us em Stall holt, sy i däm Momänt grad Hinderholzbrächtu u Eggmattdänu bim Huus verbycho u hei Chrigu ghulfe, di widerspänschtegi Sou i ds Gatter z trybe un uf ds Wägeli ueche z murggse.

Wo der Chrome mitsamt der Sou isch verlade gsi, isch Chrigu i d Stuben ycheggange, für di besseri halblynig Bchleidig aazlege. I de Stallhose het er wäger nid guet uf Chrattebüel füre dörfe, u de no grad usgrächnet zum Grossrat Schwarzenegger.

Chuum het er d Chuchitüre hinder sech zueta, het under-einisch Hinderholzbrächtu der Tüüfel gstüpft, un är seit zu Eggmattdänu: «Du, wi wär's, we mer ihm jitz gschwind ds Moori ume täten uslade un ihm derfür der Motz, der ghiiuet Eber, täten i Chrome gheie? Was meinsch zu däm Güegi? Das gäbti für Chrigu ne rächte Dänkzedel, wen er si däräwäg würd blamiere!»

«Du bisch e Hagelshund», meint Brächtu, «Halunggestückli chöme dir de nahdisch gäng i Sinn. Aber mynetwäge, i cha ja mithälfe. Das git de öppis für Grossrat Schwarzeneggers Meisch-terchnächt; dä wird scho derfür sorge, dass es gly di ganzi Gmeind weiss. Jitz aber tifig, süsch chönnt's üs no a Chrage gah!»

Dermit lüpfe beid Galgevögel der Chalberchrome vom Bock-

91

wägeli ache, jage ds Moori umen i Stall zrügg u verlade hurti-
gschwind der Motz.

Wo Chrigu isch zur Chuchi uscho, sy beid verschwunde gsi.
Der Schutz isch ne nid hindenuse; Chrigu het rein nüüt gmerkt.
Är isch ufe Bock uecheghocket, het der Mechanik glöst u —
hüü! — gäge Chrattebüel füre isch der Choli trabet.

Underwägs het der Fuerme es Pfyffli gstopfet un i eimfurt
blaui Wülchli usebbaffet. Äntlech isch Chrigu z Chrattebüel bi
Grossrat Schwarzeneggers Burehuus aacho. Der Meischter-
chnächt isch grad vorusse gstande.

«So, chunsch is cho ne Bsuech mache?» fragt er. Galgehoger-
chrigu het ds Gilet über d Buuchründi achezoge u bscheidet: «Ja,
i bi mit em Moori cho. D Mueter het scho lang gchääret. We si
äbe kener Färli im Stall het, isch's ere nid wohl. Si het's wi
d Grosmueter: Die het albe gseit, es sygi eini nid e rächti Büüri,
we's nid weissi u rochli im Söistall usse.

«Guet so», meint der Meischterchnächt druuf, «de wei mer
das Gusi uslade.» Si fahre mit em Wägeli hindertsi gägen
Yfahrtssatz, tüe der Chromen uuf u buggsiere d Sou use.

Da mues der Meischterchnächt ufdsmal grediuse lache. Es
übertröölt ne fasch vor Gugle — u zu Chrigu seit er: «Was zum
Gugger chunt di o aa? Lue, du bringsch ja der Motz statt ds
Moori.»

Jitz isch bi Chrigu ds Füür i ds Dach gschosse. Vor Töibi
verwörgt er fasch der Geislestäcken ir Hand u donneret los: «Di
Uflät, was si sy! Däne Fötzle will i d Poschtornig no bybringe!
Das isch hingäge starche Tubak, eim däwäg ga z narre. Di
Sidiane, däne will i de zeige, wo Bartli der Moscht holt!»

Der Meischterchnächt het Chrigu gluegt z besänftige, inner-
lech het's ne aber schier putzt vor Fröid, u das, obschon er no gar
nid het chönne wüsse, dass Chrigu gly einisch no grad e zwöite
Schue voll wärdi usezie; denn eis Unglück chunt ja bekanntlech
sälten alei.

Wo der Motz wider isch verlade gsi, isch Galgehogerchrigu
losfahre, ohni en einzige Blick zrüggzwärfe. Är het i eimfurt em
Draguner mit der Geislen um d Ohre gchlepft, dass dä immer

schnäller u schnäller trabet isch. Ds Bockwägeli isch über di ggrieneti Strass grasslet u ghouperet, dass es nume so tschäderet u gsyrachet u der Motz hinden im Chalberchrome gar ugäbig erhudlet het. Me hätt bald chönne meine, das Wägeli heig geggeti Redli.

Di Schüttelbächerfahrt isch em Motzli ds Dräcks verleidet. Är het sech im Chromen ufgrichtet, di vordere Storzescheichli übere Chromerand usgha, mit de hindere verstellt u mit syne Schwynsöigli i di verbyflitzendi Landschaft usegluegt.

Undereinisch nimmt der Motz e Ruck — u hopp! — im Strassegräbli isch er gläge. Ohni öppis z merke, isch Galgehogerchrigu mit sym Fuerwärch wytersgsprängt.

Der Motz het's wüescht überwürblet gha. Äntlichen isch er ume uf d Bei cho. I di nächschti Matten use isch er gwatschlet, zersch fasch wi bsoffe, dür ds höchschte Gras, u het bald hie u bald dert e Muuleten abgrupft. Das het's däm Guseli chönne!

Jitz isch Chrigu daheimen aacho. Är het ds Wägeli näbe hinder Stallgang gstellt, dass ömel niemer chönni zueluege bim Uslade. Uslade? Chrigu trifft fasch der Schlag — der Chromen isch läär! «O daas no! Die Blamaasch!» zischt's us ihm use. «Dä Donner mues usegjuckt sy», überleit Chrigu, stygt blitzartig wider ufe Bock ueche u git em Choli d Geisle.

I vollem Ggaracho isch's der glych Wäg zrügg ggange. Wi ne ggöölte Blitz isch der Draguner vorwärts gsprängt, u Galgehogerchrigu het derzue es ganzes Wörterbuech vo Flüech i d Wält usebbrummlet.

Undereinisch het er stillgha. — Dert äne imene Härdöpfelacher isch sy Motz gstande, het der Boden ernüelet un allpott mit der Schnouze es Hämpfeli Dräck i d Luft bbänglet.

E Fäldmuuser, wo grad ir Neechi syner Falle kontroliert het, isch Chrigu cho hälfe, di Sou yzfaa. Derfür heig er schyns vom Galgehogerbuur grad e Zwöifränkler i d Hand ddrückt übercho, damit er de ömel gar niemerem o nume nes Stärbeswörtli sägi.

Aber win es so geit: Bereits am nächschte Tag het me zäntume über beid Episode vo däre verunglückte Söifuer glachet. U wäger di meischte hei bi sich sälber ddänkt, das gschehj Chrigu

ganz rächt, vilich trag er jitz i Zuekunft d Nase echly weniger
höch.

En abverheite Chüngelibrate

Muscheregödeli isch es uverschants Fotzumandli gsi wi sälten
öpper, chlyn u gäderig, e Giftchrott bis dert u änenuse, zu tuusig
Sticheleien ufgleit, e Füürtüüfel u ne Zanggigrind, dass es män-
gisch kei Gattig gha het.
Wärche het er chönne wi nid mänge. Aber nume grad denn,
we ne ds Güegi aacho isch. Meh weder nid het er scho am
Samschtigzmittag aafa hüdele un isch vo eim Wirtshuus i ds
andere gheit. Am Sunntig isch's meischtens im glyche Zyme
wytersggange, un am Mäntig het Gödeli de öppe ne Blaue
gmacht.
Alls Mahne vo Züsi, syr Frou, het nüüt gnützt. Am baaschte
isch si gsi, we si gschwige het, vowäge si het bi Gödeli mit
Zuerede nüüt anders chönnen erreiche, als dass er sackgrob isch
worde un uflätig gwortet u gläschteret het wi ne Rohrspatz.
Usinnig isch er ersch de no i d Stöck cho, wen ihm es ungrads-
mal öpper het chönne ne Streich spile. De wohl, de isch Gödeli
völlig us der Hut gfahre un isch sich sälber nümme Meischter
worde.
Das het o Louibachhousi, e Spassvogel wi kei zwöite, gwüsst,
un är het scho längschte der Momänt abpasst, für Gödeli ne
Chnebel zwüsche d Bei z bänggle.
Die Glägeheit het sech ame Wymonetsunntig bbotte. Veruss
het's gstrubuusset u ghurniblet. Gödeli isch bim Vernachte mit
eme Dechelchörbli am Arm i ds Bärepintli trappet u het e Dreier
Burgunder bstellt. Zu Meieli, der chlyne Chällnere us em Gug-
gisbärg, het er gseit: «Gschou da, Meitschi, tue mer dä Dechel-
chorb i ds hindere Stübli stelle. Aber gib acht, es isch e Silber-
chüngel drinne, ds Müeti wott mer morn e Brägel mache.»

Meieli het ygschäicht un isch mit em Chörbli verschwunde. — Am hinderschte Tisch ir Gaschtstuben isch Louibachhousi ghokket, het der Färliaazeiger gläse u ghört, was Gödeli der Chällnere befole het. Är het nüüt derglyche ta, nume d Muulegge het's ihm echly verzoge u d Ouge hein ihm gglitzeret.

Nahdisnah het sich d Gaschtstube gfüllt. Gödeli het bald emal es paar Kumpane a sym Tisch gha, u d Gleser hei jitz allpott müesse zuegfüllt wärde. Derzue isch glaferet u pralaagget worde, dass es eim fasch i den Ohre wehta het.

Undereinisch het Louibachhousi zalt, het der Huet u der Haaggestäcke gno un isch zur hindere Türen use. Im Gängli usse het er uf em Bodedecheli em Bärepintliwirts rothäärig Moudi gseh lige. Housi isch süüferli uf ihn zue, het ihm gchüderlet, gflattiert u ne gstrychlet. Dernah het er ne packt, isch tifig dür d Näbetür i ds hindere Stübli yche ddüüsselet, het der Silberchüngel us Gödelis Chorb gstibitzt, der Moudi dryta, der Dechel fescht zuebbunde un isch druuf was-gisch-was-hesch zur Pforten uus pächiert un ir fyschtere Nacht verschwunde — mitsamt der Tablarchue.

Gäge Mitternacht het o Muscheregödeli a ds Heigah ddäicht. «Gang hol mer der Dechelchorb, Meitschi», het er zu Meieli gseit. Gly druuf isch er schittere zur Türen uus gwagglet u het uf em Heiwäg i eimfurt i d Nacht usegsürmlet:

«Morn zmittag git's Chüngelibrate.

Müeti, mach, dass er guet tuet grate!»

Daheim isch Gödeli schnuerstracks i d Schlafstuben ychetroglet, het Züsi gweckt u gchäppelet zuen ihm gseit: «Lue da, was ig dir heibbracht ha! Dass de weisch — e feisse, schwäre Silberchüngel. Dä wird morn bbräglet, dass de weisch — u toll Härdöpfelstock derzue u Salat, dass de weisch — u ne Fläsche Nöieburger, dass de weisch — potzmänt, git das e guete Schläck! U gmetzget wird dä Chüngel — dass de weisch — no hinech!»

Dermit het er ds Chörbli ir Stuben abgstellt, isch abgchnöilet u het am Dechel aafa nifle. «Eh z Donner, han i dä Sackermänt däwäg zuegchnüpft! Da mangleti ja schier mit em Hegel derhinder. Wosch äch, du Sidian! Wohl, jitz geit's.»

Chuum het Gödeli der Dechel glüpft, isch der rothäärig
Moudi wi ne Füürtüüfel usegschosse, gäge ds offene Fänschter
gsatzet u wi ne Wätterlych i d Nacht usen etwütscht.
Vor Chlupf het's Gödeli fasch hindertsi überrieschteret. Är
het aafa fluechen u wättere wi ne Wilde, het i aller Töibi der
Dechelchorb em Moudi nahbbängglet u drufache nes Stall-
chnächte-Wörterbuech ufgseit, dass völlig d Wänd u d Dili gwag-
gelet hei.
Züsi het sech im Bett hindereddrähjt u ds Lache verbisse, u
glychzytig het me verusse mit lächeriger Stimm u voll Schade-
fröid ghört rüeffe:
«Gödeli, uf dy Chüngelibrate
chasch de morn vergäbe warte!»

Limpachliebu

Hütt isch Limpachliebu es eltersch Mandli. Sibezg Jährli hein
ihm syner Haar versilberet u der Rügge gchrümmt. Aber chäch
isch er nüüschti gäng no.
Im Dorf inne gseht me Limpachliebu nume no ganz sälte. Es
mues scho grad e Chilbi bsunderer Art sy, we me ne wott vo
daheim ewäggbringe. Es isch ihm äbe dert am baaschte.
Früecher isch das andersch gsi. So vor zwänzg, dryssg Jahre,
da isch Liebu meh weder nid im Land umegstäcklet oder
ggutschneret u het derby mängs Händeli gmacht u jedesmal es
Schübeli Gäld heitrage. Glück het er bim Handle gha, nüüt als
Glück. Ja-ja, das het er de nahdisch verstande, kei zwöite isch
ihm nachecho.
Aber einisch isch er doch amene Gfitztere i Lätsch trappet, u
das isch er, nämlech am Grützegödu, wo i Händelerchreise ke
guete Ruef gha het. Allerdings isch di Gschicht z gueter Letscht
doch no eso verloffe, dass Grützegödu isch blybe hange u Liebu
het chönne i ds Pfüüschtli lache. Aber göh mer der Reie nah!

Grützegödu het ihm sälbisch es Fuchsli aatrage. Es het gar kei übli Gattig gmacht un isch Liebu uf Aahieb i d Ouge gstoche. Är het das Rössli vo allne Syte gschouet — u schliesslech es Bot ta. Derby het er nid grad z höch ggriffe. «Es söll gälte», seit Grützegödu — u der Handel isch gmacht gsi. Das isch du Liebu doch echly z tifig ggange, un är het där Sach nume halb trouet. Aber was het er anders wölle? Hindertsi druus het er nümme chönne. Nüüt isch ihm übrigbblibe, als mit sym Fuchs heizue z zottle.

Zmornderisch isch ihm du e ghöregi Stallatärne ufggange, potz Chrüzbatalion abenandere! Vor Töibi über sich sälber hätt er sech alli Haar chönnen usrysse. Vowäge dä Fuchs isch e Füürtüüfel gsi, dass nüüt eso. Won er ne het wölle yspanne, het dä undereinisch all Unarte zeigt u ta wi ne Uhund. Gschlagen u bbisse het er, was-gisch-was-hesch. Es sy keiner föif Minute verby gsi, isch scho es Landli abenandere gfahre. Ekei Dräck het er mit däm Chätzer chönnen aafa.

So isch das zirka drei Monet ggange. Der Fuchs het sech i keiren Art u Wys la ummodle. Du passiert's amene Samschtigzaabe, dass Grützegödu bim Limpachbuurehof verbyfahrt. Der Fuchs isch grad im Weidli gsi, u Liebu u no zwe ander sy bim Gartezuun gstande.

«U de, wi bisch zfride mit däm Rössli?» meint Grützegödu, het still u lächlet um d Muulegge. — «Prima, ganz prima», git Liebu zur Antwort. «No nie, im ganze Läbe nie, han i es settigs Ross gha. 's isch eifach es Tierli wi Guld. Nume schlächt erzoge hesch es, ganz schlächt. Han im Aafang nüüt dermit chönnen aafa. Bbisse u gschlage het's wi ne Sibechätzer. Hütt aber gäb i's nümme für viil. Es het si meh weder nid glohnt, süüferli mit ihm umzgah!»

Grützegödu het glost u glost u ds Muul vor Verwunderig halb offe gla. Nach eme Wyli seit er: «Gäbsch es ume, we der es schöns Profitli offeriere?» — «Nid dass i möcht», git Liebu zur Antwort, «es settigs Rössli, wo me jitz jede Schuelbueb dermit cha la gutschiere, isch eim nid wohlfeil. Nenei, i ha's mittlerwyle zwäggchlepft, win ig's wott ha, du bruuchsch mer's jitz nümme z vertüüfle.»

«He, la doch mit dir brichte. I gibe dir föif Napelion meh, als du mer hesch ggä.» — «Henusode, will du's bisch, der Fuchs ghört wider dir, dä Handel gilt», seit Liebu tifig. Är het der Gatter zum Weidli ufta, der Fuchs bim Chammhaar gno u ne em Grützegödu hinden a ds Rytwägeli bbunde. Dä het der Gäldsekkel us der Gilettäsche gchnüüblet u der Chlütter füregmünzt.

Wo Liebu d Napeliöndler ir Hand gha het, isch es Grinse über sys Gsicht gfloge, un är het zu Gödu gseit: «Jitz isch mer e Stei vom Härz troolet, grösser als es Bachofehüsli. U was i no ha wölle säge: Chumm guet hei mit dym ufläätige Füürtüüfel...!»

Bi Grützegödu het's taget. Är isch giftige uf ds Rytwägeli ueche ggogeret u mit eme züntrote Hübel dervoggutschiert. Limpachliebu het's nid chönne verchlemme, ihm schadefröidig nachezrüeffe: «Säg de dyr Frou nid, dass ig ne sogar föif Napelion underem Aachoufsprys hätt ggä. U no grad eis: Häb ömel de ne gruesami Nacht!»

Chrigeli u sys Chroni

«Jitz hätt i no bald ds Wichtigschte vergässe», het Chrigeli zu sym Kathrini gmeint, won er mit em Chroni isch z Märit ggange. Hantli het er ds Chueli a Brunnestock bbunde un isch no hurti sys Tubakpfyffli ga reiche.

Ir Stuben uf em Ofe isch es gläge. Är het's i d Burgundertäsche achegstosse u het der grüen-rot Zöttel, wo vom Söifer scho ganz cheschtelebruun isch gsi, la usehange. U druuf sy si dervotrappet, der Chrigeli u sys rottschäggete Chroni.

Wo si gäge Hölzlirain sy cho, het Chrigeli es Pfyffli gstopft u derzue no nes Schübeli vo sym Murtechabis uf d Stockzänd hindere ddrückt.

Nachhär sy di beide ume wyters, Chrigi vorab, mit de Händ i de Hoseseck, u hinder ihm nache isch ds Chroni cho z zottle u het albeneinisch am Halftereseili gchätschet. Bim Hohlebedli het Chrigi müesse linggs haa. Der Wäg geit dert bimene chlyne Wäldli verby.

Uf der andere Syte vom Wäldli sy grad es paar Manne dranne gsi, Grien ufzpickle. Derby isch e wältsmordio Findling fürecho. U dä het ewägg müesse. En eltere Maa het es Loch i Stei gmeisslet u Sprängpulver drygschüttet.

«So, uf d Syte, Lüt, d Zündschnuer brönnt!» het er nach eme Rüngli grüeft, un alls isch sech hinder d Böim ga verstecke.

I däm Ougeblick chunt ume Waldegge Chrigeli mit sym Chroni. Ds Chueli het der Chopf la hange u amene Schübel Gras gchaulet, won es underwägs het chönne amene Börtli abrupfe.

O Chrigi het voreche gluegt. Ds Pfyffli het nümme grouchnet, u der Zöttel isch wi nes Uhrpändel hin u här plampet.

Uf der andere Syte vom Wäldli isch d Zündschnuer scho fasch achebbrönnt gsi. Chrigeli u sys Chroni sy ahnigslos näächercho — won es undereinisch e mordsmörderische Chlapf git u der Findling i d Luft jagt.

Es het gchuttet u gsuuset. Chrigi isch zämegfahre u ztod erchlüpft. Ds Tubakpfyffli isch ihm us em Muul gheit un ufe Boden ache trooulet. D Muulegge het er la hange, u d Chnöi hein ihm gschlotteret wi Eschpeloub.

Är chehrt sech um. U was gseht er? Der Hoger zdürab isch i eim Ggaracho sys verschüüchte Chueli i grosse Ggümpe gsatzet. Ds Halftereseili isch ihm zwüsche de Vorderscheichli umegschlängget, u der Schwanz het's höch ufgstellt gha.

Eh, wi het jitz Chrigeli undereinisch aafa wättere u syrache, won er sys Chroni het gseh gäge heizue cheibe — sys rottschäggete Chueli, won er doch het wölle z Märit bringe!

U ds Kathrini, wi het daas grossi Ouge gmacht, wo ds Chroni i gstrecktem Galopp dür d Hoschtet isch cho z techle u vor der Stallstüre het aafa brüele — u gly druuf o Chrigi isch cho z chyche u gschwitzt het wi ne Ankebättler.

Där guete Frou schiesst's düre Chopf: «We jitz hinderem Chroni un em Chrigi no öppis dritts derhärchunt, de cha's bigoscht nume der lybhaftig Tüüfel sy!»

Em Winter zue

Mys Böimli treit e nöji Tracht,
Es lüüchtet, 's isch e wahri Pracht —
Hei d Zwärgli wohl ir letschte Nacht
Us rotem Guld das Chleidli gmacht?

Grad wi ne Füürbusch steit es da
U luegt mi jitz so fründlech aa —
Es gseht wohl nid, dass näbedra
Erfrorni Herbschtzytlose stah.

Es Flöckli fallt

Es fallt es Blettli ab der Linde
U tanzet i mys Gärtli yche.
Dür ds Tal uus Näbelwülchli schlyche;
Si zie verby, u wyt, wyt hinde
Am Waldrand gseh se druuf verschwinde.
I luege i di alti Linde;
Keis Blettli chan i dert meh finde.
's wird fyschter duss im Fäld u chalt,
U jitz — i ds Gras es Flöckli fallt.

Wi's öppe cha gah

Es verflüemerets Ungfeel

Eis Tags isch Chrähjebüel Seppli vom Haselgrabe hinderfüre mit zwene Dürrbächler Ganggelhünd cho z wajaschiere u het i ds Stedtli ufe Maiemärit wölle. I der Hutten am Rügge het er sächs chätzers schön u gäbig feiss Schwyzertschägge gha. Bereits isch er em Tannbärg zue. D Zöttelchappe isch ihm vore über ds Gsicht acheglampet, u wen er mit em lingge Scheichli fürersch greckt het, so het ihm jedesmal der Zöttel e Zwick uf d Nase ggä. Ja-ja, di Chappe het bi Seppli öppis ggulte! Dennzumal, won er no dra ddäicht het, es Meitschi z sueche u z hürate, het ihm sy Ougestärn di Chappe gschäicht, u siderhär het se Seppli in Ehre ghalte u gäng aagleit, wen er wytersch furt isch, un är het gar grüüseli Sorg zuere gha.

Jitz isch Seppli em Stedtli scho näächer cho. Ds Tal düruuf het es chüels Lüftli zoge. Das isch ihm grad äberächt gsi; vowäge d Chüngle ir Hutte hei gwichtet u ne gmacht z schwitze. Är isch blybe stah — u mängs Jahr zrügg isch er gwanderet i Gedanke: 's isch o Maie gsi — nei, är het nümme wölle dra däiche. Wytersch isch er zoge mit Hutten u Hünd, ärschtiger u tifiger.

Won er wider blybt stah, geit's ihm vo nöiem düre Chopf: 's isch daheim gsi, underem Lindli bir Schüür — Ouge het es gha, himmlischer als en Ängel — Haar, guldiger als e Napelion. — Seppli het e Stumpe füregno u ne wöllen aazünte. Vowäge, är het ddäicht, so chönn är de vilich di ganzi Gschicht vergässe.

Aber dä tuusigs Luft het ihm gäng d Zündhölzli usbblase. Da het sech Seppli umgchehrt u so probiert. Äntliche isch es ggange. Jitz isch er druflos zoge was-gisch-was-hesch, u gly sy grossi Rouchwulche näb em Chappezöttel ufgstige. — Aber dä schön Maietag, di rote Bäckli, wo gglüeit hei wi ne Füürbusch, di glänzigen Öigli — 's het eifach Seppli nümme us em Chopf wölle un ihm kei Rue gla.

Drum isch er no gschwinder wytersgloffe u het vorzue grösseri Schritt gno. Aber o das het nüüt ghulfe. Gäng wider isch ihm das Bänkli under der Linde vor Ouge cho, un är het d Erinnerig eifach nümme chönne verschüüche. Är isch so gedankeverlore gsi, dass er meh weder einisch bimene Haar über eine vo syne Ganggelhünd gstolperet wär, won ihm ständig um d Bei ume glyret sy.

U de wider het er ufdsmal ab allem Schuene d Stirne grunzelet un ufe Stumpe bbisse statt dranne zoge. «Ach, wiso het ömel das nahdisch so lätz müessen usecho», het er für sich ddäicht, «dä schön, wunderschön Maietag sälbisch — u nächhär isch plötzlech alles verby gsi — u bblibe isch mer als Erinnerig a das liebe Meitschi nume d Zöttelchappe.»

Undereinisch isch Chrähjebüel Seppli zämegfahre un erchlüpft. «So-so, scho ume zrügg? Früeche, früeche!» seit öpper z ungsinnetem zuen ihm. Es isch der Nachbuur gsi, wo hinderem Gartezuun gstanden isch.

Seppli isch es Wyli dagstande wi ne gchläpften Aff. Keis Wort het er fürebbracht — u mit offenem Muul isch er sym Hüttli zue. Was er dert alles zämegschwört het, weis niemer u wird o nie öpper erfahre.

Numen eis isch ihm uscho. Chlämmerlikäru, wo alli Jahr einisch uf syr Husiererei i Haselgrabe hindere chunt, het's usbbracht un i allne Pintlene umebbrichtet. Uf eme Marchstei im Tannbärg obe syg er drum ghocket, wo Chrähjebüel Seppli mit syne Hünd u Chüngle het z Märit wölle.

U nume grad es paar Schue vor ihm zueche isch du äbe Seppli das verflüemerete Ungfeel passiert: Wäg em Luft het är sech bim Stumpenaazünte müessen umchehre, u du het er du vergässe, sech ume z drähje, u statt dass er isch übere Tannbärg yne i ds Stedtli cho, isch er ume heizue i Haselgrabe hindere gschuenet.

Öppis aber hei weder Chlämmerlikäru no di andere Lacher chönne wüsse, nämli dass all das passiert isch wäge däm schöne Maietag vor Jahre, wäge däne rote Bäcklene, de glitzerigen Öiglene un em sydeglänzige Guldhaar. — E truurige Seppli het ir Stuben inne d Zöttelichappen abzoge u se versorget.

Folgeschwäre Pintechehr

Isch das e Krach u nes Glärmidier gsi am Zyschtig am Aabe im Pintli uf der Riedere! Aber es sy halt di Rächte zäme gsi, u mi het ne nid vergäbe ds vierblettrige Riederechleeblatt gseit: der Eggbuur vo Hinderbach, Hüsijögg im Mösli, Stampfimattpeter u Tüüffichrischteli.

Di vier Manne sy vom Maiemärit z Niderschönegg heicho, sy über d Riedere ga chehre u hei dert es Raschtli gmacht. U win es öppen albe geit: Das Raschtli isch du echly längs worde, u wo hinder de Bärge füre der Mond gglüüsslet het, da sy di vier Manne bilängerschi meh i d Stimmig cho, u si hei aafa jutze u holeie u singe, dass es völlig das alte, wurmstichige Riederepintli erhudlet het.

Am ugattlichschte vo allne het aber der Eggbuur, der Gmeindspresidänt vo Hinderbach, ta. Di ergschte Gassehouer het er füregschrisse, Witze verzellt, dass me schier hätt sölle d Ohre verhaa, un allpott het er wölle der Chällnere, em Züseli, es Müntschi gä. Aber das Chrottli het sech nid so tifig la verwütsche.

Eso isch das wyterschggange bis lang nach Mitternacht. Undereinisch het's Ufbruch ggä. Der eint isch hie use, der ander dert. Zletscht isch ganz süüferli o der Eggbuur über d Wirtshuusstägen acheturnet. Är het der Bruun la yspanne, u der Wirt het ihm uf ds Rytwägeli uecheghulfe. Das het öppis chönne, bis dä uf sym Sitzli oben isch zgrächtggraagget gsi!

Bim Furtfahre het's der Herr Gmeindspresidänt schier hinderübergwürblet, un es isch ihm wohl cho, het er echly ne höchi Sitzlähne gha. Gly emal het er ds Leitseili aaghäicht, der Bruun aleini la der Wäg sueche u sälber es Nückli gno.

Won es über di holperig Strass düre Bärgwald uecheggangen isch, het's der Eggbuur wider wachgrüttlet. Grad won er het aafa überlege, won er eigetlech sygi, isch er plötzlich zämegfahre, wi we ne der Blitz troffe hätti.

«Tüüfelwätter abenandere», het er i d Nacht usebbängglet,

«wi het jitz das mir ömel o chönne passiere!? Die Schand — die Schand! Was machen i jitz?»

Zmornderisch sy d Lüt z Hinderbach a jedem Husegge zämegstande u hei vo nüüt anderm meh bbrichtet als vom Eggbuur, wo am Zyschtig am Aabe ganz vergässe het, dass er usgrächnet für dä Aabe en usserordentlechi Gmeindsversammlig yberueffe gha het.

Meh weder e Stund heig me schyns uf ihn gwartet un überall häre telefoniert. Aber niemer heig wölle wüsse, wo ihre Gmeindspresidänt z finde sygi, u scho gar nid hätt me ne im Riederepintli vermuetet. Im Gägeteil, me heig scho bbanget, es chönnt öppis Ugfeligs passiert sy. Ytem, zletscht heig du der Vizepresidänt d Versammlig eröffnet, u si syg ömel no ganz ordli verbyggange.

I sälber Nacht het der Eggbuur keis Oug zueddrückt, u wo's het aafa tage, isch er i ds Hinderstübli, het Papier, Fädere u Tinte füregno u — sy Demission als Gmeindspresidänt vo Hinderbach gschribe.

E fatali Sach

Scho sit langem het Bartholomäus, der jung Buur vom Wydigrabe, über dä Geissbärger gstöhnet, wo juschtamänt näb der Yfahrt zu sym Heimetli us em Bode usegluegt het.

Mängisch het är bim Mähje d Sägesse a däm Hundshagel verhörnt. U vo letscht het's ihm schier es Fueder Weizen überrieschteret, wo nes hindersch Redli vom Wagen echly z scharf a däm Chemp verbygfahren isch.

Drum het's ihm jitz glängt, un är het eis Tags sym Kätheli bscheidet: «So, jitz wott i äntlichen einisch hinder dä Geissbärger bir Yfahrt, dä Choog mues ewägg, u das mues er!»

«Aber du wosch doch nid öppen i der Hochzytschutten a d Arbeit, si gseht süsch afe strubi dry, sit dass se tuesch wärchtige», het Kätheli ygwändet. «Was wett das dären o mache», beschwichtiget se Bartholomäus, «i tue se ja sowiso bim Wärchen abzie.» Druuf het er Hänsu, em Chnächt, grüeft, är söll der Schlegelhammer u ds Meisselyse bringe un ihm cho hälfe der Geissbärger usenanderjätte.

Potz Hagelschiess, däm Mordiofelsbrocke, eme Findling us Grimselgranit, hei di beide schön zuegsetzt. Hänsu het ds Yse gha, u Bartholomäus het gschlage. Alli Chraft het er zämegno, der Muniäcken yzoge u der Schlegelhammer obenume gschmätteret, dass es uf em Stei nume so gsprützt u gfüüret het.

Ufdsmal het Hänsu ds Yse la fahre u ne Ggöiss usgla — zum Glück bloss vor Chlupf. Bartholomäus aber het nume no der Schlegelstiil i de Hände gha. Der Hammer het's weiss der Gugger wiviil Chlafter füretsi gsprängt, un er isch so ugattlech i Bode gsurret, dass es Dräck u Mutti ufbbängglet het.

Derfür isch ds Loch im Geissbärger jitz grad so gäbig gross gnue gsi für z lade. Bartholomäus het Pulver achegschüttet, d Zündschnuer ygleit, alls schön zwäggmacht, es paar grossi Escht ufe Geissbärger gleit u nachhär aazüntet.

Hänsu isch scho lang i der Hoschtet obe gsi u het sech dert hinder eme Boum versteckt, wo Bartholomäus o afe isch z Schärme ggange. Bim Aschtrachan-Öpfelboum isch er blybe stah u het gschwind no einisch füreggglüüsslet.

Potz Chrüzbatalion, wi het der Wydigrabebuur jitz Ouge gmacht. Är het sy Chutte bim Stei vergässe, sy choschtbar Hochzytschutte, won är siderhär so mängisch het für i d Chilche annegha! Am Meisselyse isch si ufghäicht gsi, vier Schue näb der brönnige Zündschnuer. Achespringe het er nümme chönne — 's isch z spät gsi. Win er aber d Händ missmuetig i Hosesack steckt, da fahrt's ihm no grad einisch wi ne Blitz düre Chopf! «Tuusige, tuusige, my schöni Meerschuumtubakpfyffe mit em Bärnsteibysser, wo mer Kätheli zur Verlobig gschänkt gha het, han i o im Chuttebuese la sy!»

Päng! En Uwältschlapf het d Ärde jitz la erzittere, schwarz het's ufgsprützt, u Steine, Dräck, Chneble u Mutti sy dür d Luft gwürblet un überall ir Hoschtet niderbbrätschet. Über allem isch Pulverdampf gläge.

Äntliche het's Bartholomäus gwagt, zuechezgah. O Hänsu isch cho fürezschlyche. U d Hochzytschutte? Zwänzg Meter näb em zerfätzte Geissbärger isch si gläge — verlöcheret u verfotzlet. U vo der Meerschuumpfyffe sy nume no Bruchstückleni umegläge. Housi het Bartholomäus nid gwagt aazluege. U dä het nume halblut vor sich härebbrümelet: «Wi sägen i das mym Kätheli?»

Lätz verstande

Laferihünd u Schnörewagner, wi me se öppen am Biertisch aatrifft, sy eim nid bsunders lieb. Mit settigne cha me sech schwärli aafründe. Aber o Lüt, wo numen all halb Tag es Wörtli fürebrösme u gäng e Mouggere mache, wi we si nüüt hätte z ässen übercho als versalzni Suppe un aabbrännteti Röschti, ma me nid lyde.

Juschtamänt es settis Mandli isch der Gürbesami gsi, es Buurli us em Chabisland. Fasch möcht me echly Schadefröid ha, we me dra däicht, wi's ihm ergangen isch für sys Chirme. Hätt är dennzumale sym Chnächt ds Muul echly länger ggönnt, es wär allwäg de scho besser usecho. Zuetreit het es sech eso:

Eis Tags het Gürbesami gmerkt, dass fasch keis Strou meh i der Schüür isch. Ddröschet het er no nüüt gha, u de Chüene hätt er doch öppis sölle ströie. Was mache? Är schickt Miggu, der Chnächt, uf d Sagi u seit ihm, er söll e Schnellbänne voll Sagmähl ga hole.

Nach em Zvieri het Miggu der Choli u d Bänne füregno un isch abtubet. Ganz gmüetlech isch er gfahre, är isch halt echly ne Drücki gsi u het derzue no nes tolls Hämpfeli Mähl am Ermel gha. Underwägs het er e Schigg gchätschet u zwüschedüre grüeft: «Hüü, Choli, hüü!» — vowäge der Choli isch nümme der Jüngscht gsi.

Wo Miggu ume heicho isch, het er Gürbesami gfragt: «Wohii söll i ds Sagmähl tue?» Der mutz Meischter isch grad vo der

106

Yfahrt achecho, mit ere grosse Wedele under em Arm, isch churz stillgstande, het desumegluegt, aber keis günschtigs Plätzli gfunde.

Hässig het er d Tubakpfyffe vo eim Muuleggen i ander gstosse u derzue i Bart bbrummlet: «Bschüttloch.» Druuf isch Gürbesami i d Chuchi yche verschwunde u het d Wedele näb ds Füür-öfeli gheit. Vo hie isch er i ds Späckchämmerli u het dert öppis gnuschet.

Won er äntliche isch fertig gsi, isch er ume vor ds Huus use cho. Potzmänt, wi het Gürbesämu jitz Ouge gmacht! Grad wi zwöi Pfluegsredli hei si drygschouet. Är isch dagstande wi ne Ölgötz.

U wiso das? Der Chnächt het sy mutz Bscheid lätz verstande gha. Statt d Schnellbänne mit em gladne Sagmähl uf em freie Platz über em Bschüttloch abzstelle, het er ds Sagmähl i ds Bschüttloch achekippet.

Miggu het du vowäge nid schlächt gstuunet, wo si sürmlig Meischter, wo süsch weeni oder überhoupt nüüt gredt het, undereinisch es ganzes Liederbuech ufgseit het — fryli nid grad mit de frömmschte Tägschte...!

Es ugäbigs Bad

Es isch vor viilne Jahre gsi, anere Steigerig im Seftigamt. Es grüüslig schröckeligs Päch hei di sächs Manne gha. Passiert isch ne zwar nüüt, aber zum Glächter sy si worde. U no hütt mues me schmunzle, we me dra zrüggdäicht.

Sälbisch, wo d Steigerig gsi isch, het's scho am Morge bizyte mit Räge ddröhjt. Aber glychwohl sy vo de nächschte Dörfer es paar Dotze Manne cho derhärztrappe, für öppe nes Chueli oder es Chalb oder es eltersch Wägeli billig luege z ergattere. Di Ruschtig isch gwüss rächt guet grütscht. Es wär no grad e Chrääze voll Hüener z versteigere gsi.

Aber i däm Momänt het's aafa rägne. Völlig eso chübelwys

het der Himel Wasser achegschüttet. Di Manne hei sech uf ds Bschüttloch gflüchtet, für nid öppen im Rägen usse d Glidersucht ufzläse. Zwar hei nid all am Schärme Platz gha; öppe ne Drittel het i Gotts Name undere Cheschteleboum bim Brunne müesse stah.

Der Weibel isch breitspurig hinder der Hüenerchrääze uf em Bschüttloch gstande u het mit syr Bassstimm grüeft: «Wär bietet uf di Hüener? Wär?»

Es het nöie keine vo däne Manne grosse Gluscht gha. Si hei lang gwärweiset u mitenandere gratiburgeret u tampet.

«Zwölf Fränkli», seit äntlichen eine.

«Zwölf Fränkli zum erschte. — Wär bietet meh?»

«Zwölf Fränkli zum zwöite.»

«Füfzäni!»

«Füfzä Fränkli zum erschte! Füfzä Fränkli zum zwöite! — He, bietet keine meh? — U füfzä Fränkli zum — dr...»

Der Weibel het's nümme chönne fertig säge. I däm Momänt het's gchrachet. D Lade vom Bschüttloch sy äbe scho echly mörschelig gsi; si hei di schwäre, halblynige Manne nid möge trage u sy halt undereinisch zämegchruttet.

Wi isch das es Wäse gsi! Mit em Weibel zäme grad exakt es Halbdotze Buure u d Hüener samt der Chrääze sy i d Bschütti achegheit. Däne Ungfeligen isch es wahrschynli grad prezys eso gsi, wi we d Wält am Undergah wäri.

Me cha sech aber o däiche, wi vo de andere mänge het müesse ds Lache verhaa, wo si di verstuunete Gsichter hei i däm Loch unde gseh. U ersch du no, wo di Unglückliche us ihrer Parfümgruebe sy uechegschnagget!

Es het mer eine verzellt, si heige fei echly bbyschtet u rot Hüble gha. E jede heig wölle der Erscht sy. Alli Zeiche heige si gfluechet u syge ga d Ross aaspanne u gäge heizue gsprängt.

Winterfröid

Mys Büebli tuet sech d Öigli rybe
U güggelet dür d Fänschterschybe;
Es seit zum Müeti: «Hesch de gseh?
Der Öpfelboum isch wyss vo Schnee!»

Es chlatscht i d Händli, springt i Garte,
Ma dinne nümme länger warte
U rüeft u gümperlet dervo:
«Jitz isch der Winter äntlech cho!»

Mys Büebli chunt fasch us em Hüsli
U lacht u singt u fröit sech grüüsli;
Es brüelet: «Müeti, lue, juhee!»
U pürzlet druuf i sydig Schnee.

Verschneit

So wyt me gseht, isch alles töif verschneit;
Es nieders Böimli treit es wysses Chleid.
U hindrem Huus di alti Wättertanne
Het gar e grossi, schwäri Chappen anne.

Si glitzeret u glänzt ir fyschtre Nacht,
Grad wi si wär us Guld u Silber gmacht.
's isch wi we d Ängeli im Himel obe
Hätt' Mond- u Stärneschyn dry ychegwobe.

Heiteri Müschterli

Es Schoggela-Buebli

E Mueter geit mit ihrem chlyne Köbeli i ne Lade, für Hushaltigsychöif z mache. Ufdsmal fat Köbeli aa chääre u bättlet: «Mueti, i möcht gärn es Schoggela-Buebli. Gäll, Mueti, i cha eis ha?»

D Mueter git nah u fragt d Ladetochter: «Heit'er ächt es Schoggela-Buebli füre Köbeli?» Ds Fröilein hinder em Ladetisch bscheidet: «Wäger nei. Si sy grad usggange; aber Schoggela-Meiteli het's no öppis im Vorrat.»

Köbeli wehrt ab u brigget: «Nei, Mueti, i wott keis Schoggela-Meitli, i wott es Schoggela-Buebli.» — «Ja, we de wosch zwänge, so la's halt la sy! So, chumm, mir göh jitz heizue», seit d Mueter.

Köbeli het nüüt dergäge. Chuum sy si aber e paar Schritt gloffe, fat Köbeli wider aa chääre u seit: «Gäll, Mueti, i cha nes Schoggela-Buebli ha? Weisch was, mir gönge i ne andere Lade, dert hei si de scho settegi.»

Wo der Chlyn nid nahlat, geit d Mueter äntliche doch i ne zwöite Lade u fragt nach eme Schoggela-Buebli. Dert git's prezys di glychi Antwort: Si heige momäntan nume no Schoggela-Meiteli.

Köbeli meint mit plääriger Stimm: «I wott drum keis Schoggela-Meitli, i wott es Schoggela-Buebli!»

Da fragt ne d Ladetochter: «Aber Köbeli, so säg mer jitz, wiso wosch du usgrächnet es Schoggela-Buebli; es Schoggela-Meiteli isch doch äbesoguet.»

«Das scho», eggägnet Köbeli u brigget z lutter Wasser, «aber amene Schoggela-Buebli isch drum meh Schoggela dranne.»

Der Lütnant het o müesse

Z Bränzlige isch Militär yquartiert. E flotte Lütnant het für em Aabe i Usgang es nätts Meitschi us em Dorf yglade. Ds Liselotti het ihm zwar zuegseit, aber es het doch nid ganz alei mit däm frömde Offizier wölle ga spaziere. Drum het es sys vierjährige Brüederli mitgno, sozsäges als Aaschtandswouwou. Nachdäm si es Rüngli mitenandere übere Fäldwäg träppelet sy, meint der chly Kurtli zu syr Schwöschter: «Liselottli, i mues drum.»

D Schwöschter errötet fasch echly u tuet derglyche, wi we si nüüt ghört hätti.

Nach eme Wyli meint der Chlyn vo nöiem, u jitz unüberhörbar: «Liselottli, aber i mues drum!»

O dismal reagiert d Schwöschter nid. Da meint der stramm Lütnant: «Fröilein Liselotti, das isch doch nüüt anders.» U zum Chlyne seit er: «Chumm du hurti mit mir!»

Mit däne Worte het der grossgwachsnig Lütnant der chly Kurtli, ohni lang Fäderläsis z mache, ar Hand gno un isch mit ihm hinder eme Läbhag verschwunde.

Nach eme Wyli isch der Kurtli hinderem Hag cho fürezspringe, isch uf ds Schwöschterli zueggumpet u het grüeft: «Liselottli, weisch, der Lütnant het o grad müesse!»

Der Schuelinspäkter

Uf em Wäg zumene Bsuech ir Schuel begägnet der Schuelinspäkter emene Büebli, wo ohni z grüesse an ihm verbyrennt. Är fragt dä Ghüderi: «Wo wosch du hii, Chlyne, dass de so pressiersch?»

«He däich i d Schuel, du Lööl!» git ihm dä Stöderi zrügg. Der Schuelinspäkter lat nid lugg: «Was treisch de da underem Arm?»

— «He, däich ds Läsibüechli, du Lööl!» Mit däne Worte isch dä chly Süchel dervoghaset.

Der Schuelinspäkter het ddäicht: «Wart du nume, du chlyne Schlingel, mit dir rupfen i de scho no es Hüenli!»

Nid lang später isch der Schuelinspäkter i ds Zimmer vor Dorfschuel ynecho u het es Zytli lang em Unterricht zueglost. Da entdeckt er im hinderschte Bänkli prezys dä chly Bängel vo vorhär.

Är stellt de Schüeler es paar Frage. Zum Schluss wändet er sech a das Früchtli ir hinderschte Reie: «U du, Chlyne, dert hinde, wi heissisch du?» — «Fritzli», tönt's zrügg. — «Schön so», seit der Schuelinspäkter. «Jitz chumm emal a d Wandtafele füre u säg mer e zwöistellegi Zahl.»

«Vieredryssg», seit Fritzli mutz. Der Schuelinspäkter schrybt dreievierzg a d Wandtafele u fragt wyters: «So, Fritzli, chasch mer no eini säge?» U wider tönt's churz u bündig: «Achtesächzg.» Jitz schrybt der Schuelinspäkter sächsenachzg a d Tafele.

U will er däm Bürschtli grad echly z grächtem het wöllen ufe Zahn füele, fragt er no einisch: «Chasch mer no ne dritti Zahl säge?» Ohni Wimperezucke seit Fritzli: «Sibenesibezg, u chehr se jitz o um, du Lööl!»

Suuri Täfeli

Bänzli, Chrigeli u Seppli göh ei Tag i nes Chrämerlädeli für öppis ga z gänggele. Da seit d Verchöiffere zu Bänzli: «U de, chlyne Maa, was hättisch du gärn?» Dä eggägnet: «Für nes Föifi suuri Täfeli!»

D Chrämersfrou holt es Stägli füre, stellt's a ds Regal häre, stygt ueche, nimmt vom oberschte Tablar e Büchsen ache, git Bänzli d Täfeli u stellt d Büchse wider a ihre Platz.

Jitz wändet sech d Verchöiffere em Chrigeli zue: «U du, was

112

hesch du wölle?» Chrigeli meint mit syre höche Chrääjistimm: «I hätt o gärn für nes Föifi suuri Täfeli!»

Verergeret surret ne d Ladefrou aa: «Du Ggali, das hättsch ender chönne säge, bevor i d Büchse verruumt ha. Eim därewäg vergäbni Müei z mache, we me prezys ds Glyche wott u de nume grad für nes Föifi!»

D Verchöiffere nimmt d Büchse wider ache, git Chrigeli d Täfeli, gogeret es wyters Mal ds Stägli ueche u versorget d Büchse vo nöiem.

Jitz isch Seppli a der Reie: «Was söll's de für di sy?» Seppli bscheidet: «I möcht o suuri Täfeli, aber drum de für nes Zäni!»

Lätz aacho!

Gassachertürus Maxli, e chlyne Stöderi, wo no nid z Schuel geit, isch im ganze Dörfli ume als ne wilde, uflätige Süchel bekannt.

Ei Tag schickt ne d Mueter i Chrämerlade, für Öl u Essig ga z hole. Wo Maxli zum Lade chunt, isch dä bereits gschlosse. Der Bueb fat aa rüttle u poltere u tuet zletscht ir Töibi a d Türe stüpfe. Wo das nüüt nützt u niemer chunt cho ufmache, wird Maxli rabiater u tröölet jitz mit jedem Stupf no ne Fluech use.

I däm Ougeblick chunt der Pfarrer verby u ghört Maxlis Chraftusdruck. Är blybt stah u seit: «E aber Buebli, därewäg ga z flueche! Lue, wär so redt, chunt nie i Himel.»

Sy Mahnig bschiesst nid viil; Maxli git der Türe e nöie Stupf u bscheidet churzaabbunde zrügg: «I wott jitz nid i Himel, i wott i Chrämerlade!»

Strafufgab

Der Jakobli vom Hinderhölzli het gäng echly Müei gha, zwüschem Dutze u Ehre z unterscheide. Won er du ömel der

Lehrer o wider ddutzt het, nachdäm ne dä grad am Vortag zrächtgwise het gha, het's du em Schuelmeischter glängt. Är het em Jakobli e saftegi Strafufgab ggä. Dä het füfzgmal müesse schrybe: «Ich soll den Lehrer ehren!»

Am nächschte Tag isch Jakobli mit syre Strafufgab zum Lehrer. Dä gseht uf en erscht Blick, dass sy Schüeler ja viil meh gschribe het, als er hätt müesse, nämlech hundert- statt füfzgmal. Won er ne fragt, warum er das gmacht heigi, bscheidet Jakobli lütselig: «I ha drum ddäicht, du sygisch de zfridener!»

Vatterländisch

Am erschten Ougschte am Aabe isch ds ganz Dorf uf ere Aahöchi zämecho. Vor em Aazünte vom Ougschtefüür het's e fyrliche Akt ggä. Im Mittelpunkt isch e vatterländischi Aasprach vom Gmeindspresidänt gstande.

I chärnige Sätze u mit gäng lütterer Stimm (wil es paar Süchle bereits scho mit Füürwärke hei aagfange) het er de Lüte i ds Gwüsse gredt u meh weder einisch zur Betüürig vo syne Worte mit der Pfuuscht uf ds Rednerpult trummlet.

Da fragt es chlys Meiteli, wo uf em Arm vo syre Mueter där lutte Stimm vom Gmeindspresidänt u sym Glärmidier zueglost het, ohni öppis z verstah: «Mueti, mit wäm zangget dä Maa?»

Tröihärzig

E Mueter schickt ihres Büebli i Spezereilade, für Melasse z hole. Si git ihm e Blächbüchse mit u leit ds Gäld dry, damit är's ömel nid verlieri.

Im Lade fragt ne ds Fröilein: «Was möchtsch, Buebli?» — «Hie das Büchsli voll Melasse», bscheidet der Komissionebueb, wo chuum übere Ladetisch y gseht, u streckt ere's häre.

D Ladetochter füllt's ab u seit zum Bueb: «So, das choschtet es Fränkli, wo hesch ds Batzeli?» Der Chly seit tröihärzig: «Ds Mueti het's unde i ds Büchsli gleit.»

Eigegool

E Vatter chunt mit sym Bueb i ds Wirtshuus. Är bstellt für sich e Dreier Rote u füre Chlyn e Limonade.

Wo der Elter z drittemal nachebstellt gha het, fragt ne der Bueb: «Du, Vatter, wenn merkt's eigetlech eine, dass er zviil trunke het?»

Der Vatter erklärt ihm's: «Lue Bueb, dert im Egge sitze zwe Manne. We jitz eine vier statt zwee gsäch, de wär er gchäppelet, de hätt er e Ploder.»

Druuf meint der Bueb erstuunt: «I gseh dert äne aber nume ei Maa!»

Tüüren Anke

Steiacherfridu, e zämehäbige Buur, het e nöie Chnächt ddinget. Am Sunntig stellt d Steiacherbüüri Anke u Gomfi ufe Tisch. Chrigu, der nöi Chnächt, strycht der Anke fingersdick uf ds Brot. Der Buur luegt ne läng aa; Chrigu strycht rüejig wyter.

Druuf meint Steiacherfridu imene Ton, wo der Verbouscht meh weder dütlich usezghören isch: «Der Anke isch de tüüre.»

Chrigu bscheidet ohni umezluege: «Derfür isch er aber o guet, dass nüüt eso!» U no einisch reckt er i ds Ankeblättli u hout e nöji Schyben ab.

115

Gstüürete Zuefall

Geschter am Aabe isch churz nach eme Gwitter Schüürmacherfritzes Huus abebbrönnt.

Jitz stah der Köbeli, em Fritz sy Jüngschte, u der Hansli u der Gödeli, em Nachbuur syner beide Buebe, zäme u brichte über d Füürsbrunscht vo letschter Nacht.

Hansli meint zu Köbeli: «Gäll, das het nächti e Huuffe Lüt gha, wo öies Huus achegläuet isch! Eso viil han i no gar nie gseh.»

Druuf antwortet Köbeli: «Ja, der Vatter het no geschter vor em Mittag di ganzi Hoschtet gmähjt; är het gseit, es gäbi allwäg de viil Lüt.»

Woruuf Gödeli meint: «U däich nume, üse Ätti het gseit, we's nume no es einzigs Mal bblitzet u ddonneret hätti, so wäri üses Huus o grad verbronne.»

Ohreweh

Ruedeli wehberet über Schmärze i den Ohre. D Mueter probiert ne z gschweigge: «Dys chlyne Schwöschterli het o Ohreweh gha, aber nid eso ghässelet u plääret wi du.»

Druuf Ruedeli: «Das glouben i scho; Bertheli het drum di chlynere Ohren als ig.»

Bettnessi

D Grosmueter zu Liseli, wo sys Bettli gnesst het: «Aber Liseli, lue, was hesch du jitz gmacht!»

Druuf Liseli: «Grosmueti, i ha drum so fescht gschwitzt.»

Volle Spycher

Spycher Tinu chunt ei Aabe gchäppelete hei. Da meint sy Frou zuen ihm: «So-so, chunsch wider däwäg! Weisch eigetlech nid, wenn de albe gnue hesch? Muesch nahdisch gäng über ds Määs näh?»

Tinu git ere nid verläge zrügg: «Froueli, reg di nid uuf! My Elter het scho gäng gseit, är gsehj's gärn, we der Spycher volle syg.»

Schlächte Chäller

Chäller Hannes isch bekannt als ryche Maa. Är het es nöis Huus, viil Land u ne grosse Vehstand. Me tuet ihm aber nacherede, är syg e durchtribne u hinderlischtige Mändel.

Drum heig du eis Tags Ziilacherguschteli zuen ihm gseit: «Hannes, es schöns Huus hesch de nahdisch. Nume schad isch es, dass der Chäller so schlächten isch.»

Zum Tüüfel

Soldat zum Houptme: «Herr Houptme, Füsilier Guggisbärg, der Lütnant het mi zum Tüüfel gjagt; i söll mi bi öich cho aamälde.»

Elegant usddrückt

We's imene Kantonnemänt vo Wäntele räblet, seit me, es sygi motorisierti Brotbrösmeli umewäg oder Tapeetegemschi.»

Vor em Fänschter

Es wimmlet duss vo Flöckli,
Es schneit, was ache ma.
I gseh im Sametröckli
Im Schnee en Amsle stah.

Si blinzlet zue mer ueche
Un öiglet umenand
U chunt gäng näächer zueche,
Bis ufe Fänschterrand.

's isch, wi si mer wett säge,
Si lydi grossi Not,
Es schlych uf allne Wäge
're nah der Wintertod.

's isch, wi si mer wett chlage,
Es syg e schwäri Zyt,
Der Hunger tüei se plage,
Der Früelig syg no wyt.

I söll re öppis bringe,
Si wöll mer de für d Müei
Viil schöni Liedli singe,
We's wider blüeje tüei.

Spassigs vom Sämeli

Achtzäh Karat

Vor Jahre wär der Sämi gly
I Ugunscht cho bi syr Marie,
Är het nid gwüsst, wo uus, wo y,
U's isch ihm nid em baaschte gsi.
Es Ringli het är Marie gschäicht
U nid im gringschte überdäicht,
Dass juscht dä Ring ihn chönnt verrate
U's uus de wär mit em Hürate.
Marie het chuum de Ouge trouet
U het i eimfurt ds Ringli gschouet.
Drufache seit es: «Lue du da,
Was sölle hie dä A u K
Im Ringli inne mir wohl säge?»
Der Sämeli isch nid verläge;
En Usred het er gly parat
U meint: «Das heisst ‹Achtzäh Karat›.»

Guet umeggä

Der Sämi isch i junge Jahre
Ei Samschtig znacht i ds Stedtli gfahre.
Di schönschti Bchleidig het er trage,
U ds gsterkte Hemmli u der Chrage
Sy glänzig gsi u chrydewyss.
Fasch het me gmeint, um jede Prys
Wöll är ir Stadt der Fürnähmscht sy.
Im «Wilde Maa», da chehrt er y,
Vowäge 's isch dert Schreeglet gsi.

119

Der Sämi het e Fläsche bschickt
U gly druuf gäg nes Meitschi gnickt;
Doch het er's lang nid dörfe wage,
Das Jümpferli für ds Tanze z frage.
Schlussäntlech rafft sich Sämi uuf
U tuet e länge, töiffe Schnuuf,
Är geit uf ds Meitschi zue u seit,
Är wäri zume Tanz ufgleit.
Das luegt ne nume flüchtig aa
U meint, är sötti wider gah.
Die Absag chunt ihm nid grad gläge,
U Sämi isch echly verläge.
Em Meitschis Schatz, wo das het gseh,
Ne heukt u seit: «Gäll, d Dorethee
Het dir e schöne Chorb aaghäicht
U nid es einzigs Tänzli gschäicht!»
Der Sämi luegt dä Bürschtel aa
U meint: «Bi glychwohl besser dra.
I ha ne Chorb u wott jitz gah —
U du chasch mira d Schachtle ha!»

Lidig u ghürate

Wo Sämi no isch junge gsi,
Da isch er einisch mit Marie
Dür ds Eggholzsträssli uus gspaziert
U het ihm grüüseli gflattiert.
U wo si wider heizue wei,
Da stüpft sich Marie ame Stei.
«Ach, Schätzli, het's dir öppis ta?»
Het Sämi gseit u ds Meitschi gha.

*

Mängs Jahr isch siderhär verby;
Em Sämis Frou isch jitz d Marie.
Vorgeschter isch es gloub passiert,
Dass beidi wider sy gspaziert.
U wo si ume heizue wei,
Da stüpft sich d Frou am sälbe Stei;
Der Sämi seit druuf zur Marie:
«Du bisch doch gäng e Stogle gsi!»

Guet troffe

Der Sämeli, wär hätt das ddäicht,
Het ime Gschäft en Uhr abghäicht
Un isch dermit dür d Stadt uus grennt,
Het gmeint, es heig ne niemer kennt.
Bim nächschte Wägchrüz, oha wetsch!
Da trappet Sämi scho i Lätsch:
E Wolfer fahrt ihm zwüsche d Bei,
Bim Äcke packt ne d Polizei.
Der Sämeli fat aafa chlage
Un isch ufdsmal gar grüüsli gschlage.

Drei Wuche später geit's vor Gricht;
Der Sämeli isch bleich im Gsicht,
Är isch verwirrt u ganz verläge
U weis am Aafang nid viil z säge.
Doch wo der Richter zuen ihm seit:
«Zwöi Jahr i d Chischte wirsch de gheit»,
Da wird der Sämeli ganz grüert
U meint zum Richter frei u offe:
«Das heit dihr cheibe guet jitz troffe.
Ir Uhr isch nämli ygraviert:
Für zwöi Jahr wärdi garantiert.»

Sämis Bari

Der Sämi isch e grosse Fründ
Vo Chatze u vo Gangguhünd.
Wen är emal vo Huus wott gah,
So louft ihm gäng es Tierli nah.
Gar bsunders isch sy Hund, der Bari,
E grüüsli unerzogne Fahri.
I allem tuet er umenuusche
U mängs verfötzle u verwuusche.
Wo Sämi isch i d Stadt, verwiche,
Da isch ihm ds Hündli nachegschliche.
's het allwäg ddäicht, es wöll ga luege,
Ob's dert o öppis gäb z verguege.
Em Bari het es grüüsli gfalle,
Är hätt sich nid um viil la stalle;
I allem isch er umegrennt,
U het gly ds fyschterscht Gässli kennt.
Wo's Zyt zum Heigah wäri gsi,
Chunt Bari bime Stand verby.
Dert gseht er uf em länge Tisch
E grosse, wunderschöne Fisch.
Der Bareli studiert nid lang:
E Satz — u furt geit's mit em Fang.
Da chunt uf Sämi zue z marschiere
E Maa u fat aa reklamiere.
Är fluechet: «Pfyf dym Schelmehund!
E Hecht vo zirka sibe Pfund
Het mir dä Fötzel jitz grad gstole.»
Da meint der Sämi unverhole:
«Galööri, nahdisch, was de bisch,
Pfyf mynetwäge du dym Fisch!»

Ds Opereglas

Der Sämi het verwichte gseit:
«Bi hinecht gar nid guet ufgleit.
I gloub', i wöll e Pfyffe stopfe
U druuf i ds ‹Chrüz› e Jass ga chlopfe.
Am erschte chan i bime Tropfe,
Bi Gmüetlechkeit u Malz u Hopfe,
Bi Gsang u Spiil u heitre Späsee
Mys Gsurr im Schädel chly vergässe.»

«O weisch», seit druuf sy Frou, d Marie,
«Du chönntisch doch mit mir jitz sy!
I gieng so gärn i ds Stadttheater,
Si spile dert ‹E Nacht im Prater›,
Es luschtigs Stück, 's isch nid zum Säge,
Das tät dir ds Gmüet de heiter fäge.

U wen es wäg em Durscht sött sy,
So will i gärn e Fläsche Wy,
Damit di ja nid chasch erchlage,
Vo hie i ds Stadttheater trage.
Dert wird's scho Glägeheite gä,
Dass hie u da e Schluck chasch näh.»

Der Sämi stutzt echly u seit:
«So übel isch er nid, dä Bscheid.
I mues däich lose uf dy Rat
U mache tifig mi parat.
Du aber nimmsch i d Chitteltäsche
E gueti Nöieburgerfläsche.»

Chuum isch e halbi Stund verby,
So stäckle Sämi u Marie
I nigelnagelnöie Schue
Em Bärner Stadttheater zue.

Der Schirm, der Mantel u der Huet
I d Garderobe Sämi tuet.
Da meint di Frou, wo dert tuet stah:
«Wünscht wohl es Opereglas dä Maa?»

Der Sämi isch echly verläge
U weis nid, was er ächt söll säge.
Är staglet u het schier der Dutter:
«O nei, i danke, liebi Frou,
Es geit der ander Wäg ja ou:
I suuff' ne lieber us em Gutter.»

Öpfelchueche

I d Stadt isch Sämi z Märit ggange
Un isch, wi's gärn geit, blybe hange.
Ufdsmal da het er ömel o
E lääre Magen übercho.
Es het ne ddüecht, e früsche Chueche
Wär sicher jitz nid schlächt z versueche.
Är nimmt föif Batze druuf i d Hand
U stüüret gäg ne Güezistand.
Dert fragt er: «Chönnt i ächtet da
Dä prächtig Heitichueche ha?»
«Was Tuusigwättersch meinsch du ou?»
Seit resolut druuf d Märitfrou,
«Da chasch de wäger lang no sueche,
Bis bi mir findsch e Heitichueche.
Lue besser uf my Märittisch,
De gsehsch, dass's Öpfelchuechen isch.»
U jitz fahrt ds Froueli mit der Hand
Ganz hässig übere Güezistand.
Di «Heiti» uf em Chuechen obe
Sy druuf als Flöigeschwarm verstobe.

Fulehung!

(Zum Thuner Usschiesset)

Ds Bälliz uuf u d Houptgass ab
Geit es schwarmwys hütt im Trab;
Alles rennt un isch im Schwung,
D Chinder brüele: Fulehung!

Mängi Chöchi macht's hütt churz:
Hopp, ewägg der Chuchischurz!
Einisch faschten isch o gsung —
Dusse tönt es: Fulehung!

D Thuner Schütze preiche guet,
Mänge treit e gchränzte Huet:
Chunt er hei i später Stung,
Ghört er nomal: Fulehung!

Eine, wo scho Bräschte het,
Bhaltet's hütt nid lang im Bett;
Alti wärde wider jung,
's isch drum wäg em Fulehung!

Ds Kompaniechalb

Es Gschichtli us der Gränzbsetzig 1914/18

Mängs Jahr isch es här, dass Bänzes Rüedu vom Gaaggere-hubel z Pleigne hinde, im Jura, Aktivdienscht gleischtet het. Wär dennzumale derby isch gsi, cha di Zyt u vor allem o Bänzes Rüedu nid vergässe.

Är isch en eigegmodlete Füsel gsi, het chönne liede u jödele, dass di ganzi Kompanie Fröid het dranne gha. Aber o zu mängem Lumpestückli isch er ufgleit gsi u het derfür gsorget, dass bi allem strängen Arbeite, bsundersch bim Schanze u Schützegräben-Ushebe, syner Kamerade nid missmuetig worde sy u der Verleider oder sogar der Dienschtcholder übercho hei.

Hin u wider, wen er sech brav ufgfüert het, syn ihm o syner Vorgsetzte gwoge gsi, u glägetlech isch es vorcho, dass ihm der Houptme mit der Hand uf d Achsle tätscht u zuen ihm gseit het: «So, Füsilier Wäber, näht no einisch e Jutz!»

O der Fäldweibel, mit däm er nid grad gäng der glyche Meinig isch gsi, het ne im grossen u ganze glychwohl guet möge lyde u sech öppe güsseret, wen es ir dritte Kompanie kei Bänzes Rüedu gäbti, wär der Gränzbsetzigsdienscht blätzewys längwylig.

Amene grossen Übel het Gaaggerehubelrüedu fryli gchran-ket. Nid gärn het er sech vo jedem junge Korpis la befäle. Imene settige Momänt het er ufdsmal robouzig u bockbeinig chönne wärde, dass nüüt eso. Hie u da het er sech hingäge schlau gwüsst us der Affäre z zie, aber nid gäng.

Öppen einisch het's de glängt, u de isch Rüedu am Aabe nach em Houptverläse i Begleitig vom Fäldweibel u mit ere Wulldechi underem Arm gäge ds Bachofehüsi näb der Chäserei abgmar-schiert, wo uf der Ygangstür es Plakat mit der Ufschrift «Arrest-lokal» ghangen isch.

Rüedu het aber o syner guete Syte gha. Het er underwyle ne dumme Streich gmacht, so isch er, we's uscho isch, wi ne rächte

Soldat derzuegstande u het nie en andere di ybbrocheti Suppe la uslöffle.

U schaffe het er chönne wi kei zwöite. Mi het ihm's aber o aagseh. En Äcke het er gha wi ne Simmetaler Muni u Arme so dick u rund wi ne Ankechübel.

Wen er alben em Ross vom Houptme gmischtet het u nid rächt zuechecho isch, het er nid lang pypääperlet u Fäderläsis gmacht. Tifig isch Rüedu hindere Choli zuechegstande, het däm syner hindere Scheiche a ne Arfle gno u ds Ross wi nes liechts Rytwägeli näbetsi gstellt.

Het's emal en Usmarsch ggä, so isch Rüedu todsicher der einzig i der Kompanie gsi, wo's erlickt het, sys Handörgeli nid sälber z buggle. «Für das z fuge, schleipfe mer ja d Fourgon nache — baschta!» het er alben ufbegährt u poleetet, wen ihm sy Zugfüerer d Poschtornig het wölle säge.

Rüedu het sech i settige Momänte nid la d Chappe schrote, ömel nid vomene bluetjunge Lütnant. Niemer het er gschoche, weder der Houptme no der Major, no der Oberscht.

Ds luschtigschte Müschterli, eso richtig gaaggererüedumässig, het er aber doch einisch amene Samschtignamittag uf der Wacht im Pruntruter Zipfel hinde, naach a der Gränze, gleischtet. U für dä gwagt Sytesprung, won ihm eigetlech hätti zäh Tag Chischte söllen ytrage, het er du no drei Föifliber, drei ganz nigelnagelnöi Föifliber übercho.

Das isch eso zueggange: Gaaggerehubelrüedu u eine vo syne Kamerade sy diräkt a der Gränze zu Frankrych Wacht gstande. Näbedra het e Bach gruuschet. Es isch trüebs un ufrüntlechs Wätter gsi. Hie u da isch e Fisch i d Höchi gschnellt u het nach eme Müggli gschnappet.

Rüedu, wo vo jehär e lydeschaftliche Fischer isch gsi, het nid länger chönne zueluege. Ufdsmal het er sys Gwehr bajonettvoraa i Boden ygsteckt u der Wafferock u ds Chäppi dernäben abgleit. Mit ufeglitzte Hosen isch er i Bach gstande u het aafa fische.

Süüferli isch er dür ds Wasser trappet, het jitz no d Hemmlisermle uecheglitzt u drufache da u dert underegreckt u vo Zyt zu

Zyt es Förnli fürezoge. Der ander het ihm se abgno u sen im Brotsack verstouet. Di verbotteni Fischerei het öppe ne Halbstund dduuret. Änet der Gränze het me ghört di Dütsche u d Franzose schiesse. Das het Rüedu kei Ydruck gmacht. Sym Kamerad hingäge isch es nid ganz wohl gsi derby.

I däm Momänt sy vom naache Wäldli här der Major u der Houptme cho z ryte. Si hei zersch nume das ygsteckte Gwehr, der abgleitnig Wafferock u ds Chäppi gseh u für sech ddäicht: «Donnerlischiess, jitz isch myseel eine abtubet u hei zu syr Kathrine verduftet.»

Gly einisch hei si Rüedu erlickt. Dä isch schier echly erchlüpft, het aber d Fassig bald wider gfunde. U was macht er? Är nimmt im Bach d Achtigstellig aa, schlat syner Haxe zäme, dass ds Wasser höch ufsprützt, steit stramm da wi ne Grenadier u mäldet: «Herr Major, Füsilier Wäber — bim Fische!»

Der Bataliöndler isch wüetig worde, sy Hübel het züntrot usgseh wi ne bbratne Chräbs, u mit hässiger Stimm seit er: «Was zum Sackerlott chunt öich aa, uf der Wacht ga z fische u ds Gwehr wägzwärfe?»

Rüedu git tifig zur Antwort: «Ja, wüsset'er, Herr Major, es sy allpott gross Muggeschnäpper ufggumpet, un i ha däm Wäse nümme länger chönne zueluege u mi däwäg la fuxe.»

«So, so! Dihr syt mer e subere Kärli! Aber was wettet dihr jitz mache, we ufdsmal dert äne us em Wäldli e Schar dütschi oder französischi Soldate würdi derhärcho? Säget mer, was wettet dihr mache ohni Gwehr?»

Jitz het sech Rüedu gstreckt, bolzgrediuuf, d Ouge füreddrückt wi ne Habicht, der rächt Arm aazoge, dass d Chraftballe schier so gross wi ne Chegelchrugle worden isch, u druuf mit lutter Stimm gantwortet: «Herr Major, si sölle nume cho, di Chrüzchoge! Däne wei mer de ds Maji scho singe u ne d Hoseringge zämezie, dass es e Gattig het. Lueget da!»

Är isch us em Bach cho, gäge Major zueggange, het ihm sy Muskelchürbis under d Nase gha u gseit: «Mir hei öppe no Chraft, Herr Major, mir nähme se de vo Fuuscht, u das näh mer se! Potz Bodechlapf!»

Der Major het sech umgchehrt, der Houptmen am Ermel zupft u gseit: «Chumm, dä chöi u wei mer nid anders modle. We's ärnscht sött gälte, würd er sicher bir Stange blybe.» Drufache sy beid zäme uf ihrne Güggle abzottlet, sy im Wald verschwunde u hei underwägs der Buggel voll glachet.

Am Aabe het der Fourier vo der dritte Kompanie zum Major müesse. Dä het zuen ihm gseit: «Loset, öie Füsilier Wäber het hütt gfischet. Chouffet ihm di paar Schwänzli ab u lat se für d Offizier vo öier Kompanie brägle. Es söll e chlyne Usglych sy für en Erger, wo ne der Füsilier Wäber glägetlech macht.»

Der Major nimmt der Gäldseckel füre u seit zum verdutzte Fourier: «Da heit dihr drei Föifliber, di chönnet dihr öiem Kompaniechalb als Fischerlohn gä. Tüet aber nüüt derglyche, dass ig's befole ha u ds Gäld vo mir chunt. Wüsset dihr, es git mängisch o im Militärdienscht Momänte, wo me ds Härz mues la rede.»

U richtig! Bim Nachtässe hei d Offizier vo der dritte Kompanie nid Maisbrei u dürr Zwätschgen übercho. Ihne het me Forälle serviert. Aber nume zwee hei gwüsst warum — der Houptme u Bänzes Rüedu, wo drei nygelnagelnöi Föifliber im Hosesack ghämpfelet u für sich ddäicht het: «Es hätt anders chönnen usecho, u das hätt's.»

*

Zwe Monet später het's z Pleigne hinde ne Huuffe Schnee ggä, u schützli chalt isch es worde, dass eim d Ohre fasch erfrore sy. Mänge Soldat het im Verschleikte es Brönnts zue sech gno. Aber mi het müessen ufpasse wi ne Häftlimacher u luege, dass em Oberscht jaa nüüt isch i d Nase cho. Süsch de wohl, de het's eim so sicher wi öppis der Chuttenermel ynegno. Der Regimänter het nämli e niedere la i Schatte stelle, wo währed der Arbeitszyt ds Alkoholverbot verletzt het.

Ytem. Du isch es ömel einisch passiert, dass Bänzes Rüedu isch zum Chuchidienscht abkommandiert worde. Bi där Arbeit het's ihm gar nid übel gfalle. Är isch mit em Chuchichef guet uscho, het gmacht, was dä befole het u nid es einzigs Mal gmuulet. Der Chuchichef isch nämli o nid en Ungrade gsi u het Gaaggerehubelrüedu allpott es saftigs Bitzli zuegha.

So isch es e halbi Wuche ggange mit däm Chuchidienscht. Dusse het d Bise mängisch gar uschaflig gchuttet, u alls isch Stei u Bei gfrore gsi.

Ei Vormittag, wo d Kompanie isch usgrückt gsi, het's der Chuchichef nach eme Schnäpsli gluschtet, vowäge d Chelti het si o dür all Chleck i d Soldatechuchi ychegschliche. Zu Rüedu seit er: «He, gang hurti zu Luci i ds Pintli ache u reich zwöi Fläschli Wermigs für d Chuchimannschaft. Sä, da hesch ds Gäld. Es isch jitz grad niemer Höchers umewäg, un i gloube, dass der Zyme günschtig isch.»

«Gang du sälber, we's di gluschtet», git Rüedu zur Antwort, «es isch im Momänt nid chouscher, ha vor eme Wyli grad der Oberscht mit sym Adjutant gseh d Strass ueche cho z ryte; er wird wohl d Kantonnemäntsornig ga nacheluege.»

«Ach was, das isch dumms Züüg, louf nume hinde dür d Hoschtet ache, de trappisch keim Tüüfel i Lätsch. Jitz aber mach tifig, süsch überchunsch kei Äxtrawurscht meh vo mir.»

Daas hingäge het du bi Rüedu gwürkt. Es saftigs Stückli la z fahre — nei, das hätt ihm's de nahdisch nid chönne. Är het zwöi Halbliterfläschli underen Arm gno un isch abtechlet. Wi ne Sibechätzer isch er d Matten achepächiert u wi der Blitz i Lucis Pintli verschwunde.

Nach eme Wyli chunt er umen use, i beidne Hände di zwöi Gütterli mit Schnaps. Är spanyflet zersch wi ne Sperber i all Egge, u won er kei Uniformierte gseht, chesslet er gäg der Kompaniechuchi zue.

I sälbem Ougeblick isch aber grad der Regimänter mit sym Adjutant ume Wägrank cho z ryte. Är gseht Rüedu u rüeft ihm nache: «He, cha sech dä Maa o aamälde!?» Bänzes Rüedu blybt stah, überleit es Wyli u däicht für sech: «Oha, jitz het's ygschlage! Der Oberscht het allwäg gmerkt, dass i währed der Arbeitszyt bi i ds Pintli öppis Dünns ga hole.

Der Regimänter isch gäge Rüedu zuegritte. Dä schlat d Haxe zäme, dass es chlepft u der Schnee zwüsche den Absätz uechestübt. Är steit stramm da, streckt beidi Gütterli gäge sy Vorgsetzte u rüeft mit chächer Stimm: «Herr Oberscht, Füsilier Wäber. I bi i d Wirtschaft ache ga Essig hole füre Ragu.»

Der Oberscht het's ggloubt u het mit sym Güggel rächtsumgchehrt gmacht un isch mit em Adjutant wytersgritte. Dää hingäge het sech bim Wäggryten im Sattel umddrähjt, der Chuchimaa aagluegt u mit em linggen Oug zwinkerlet.

Gaaggerehubelrüedu sälber het kei Miene verzoge un isch der Chuchi zuezottlet. Dert wohl, dert het er du eis gguglet un em Chuchiwachtmeischter verzellt, dass es ihm bimene Haar uf d Chappe gschneit hätt.

Dä het vor Lache der Buuch müesse verhaa, u zur Chuchimannschaft het er gseit: «Das isch wider emal es Husarestückli gsi vo üsem Kompaniechalb. Aber es mues settegi o gä, de louft der Chare ringer. — U du, Rüedu, was hättisch gmacht, we der Oberscht di beide Fläschli näächer hätt wölle gschoue?» D Antwort isch schlagfertig, ohni lang z zögere, cho: «De hätt i di beide Gütter zämegschlage, dass es Schärbi ggä hätt u der Schnaps im Schnee verschloffe wär.»

*

Später einisch, wo der Chrieg scho längschten isch verby gsi, het e Batalions-Erinnerigstagig stattgfunde. Wo's scho rächt luschtig zueggangen isch, chunt Bänzes Rüedu verspätet zur Saaltüren y. Alli hei spontan gchlatschet un ihm zuegrüeft. U jedes Gsicht het vor Fröid glüüchtet, wo si nach so mängem Jahr der Pruntruter Fischer, ihres ehemalige Kompaniechalb, ume gseh hei.

U dä, was macht er? Är geit schnuerstracks ufe Major zue, nimmt ne obeny, git ihm es Müntschi u seit: «Herr Major, das bin i öich scho lang schuldig. Dihr heit's doch no nid vergässe, sälbisch im Jura hinde... Ja-ja — i wett, i hätt siderhär no mänge settige Taglohn gha.»

Mir sy bereit!

*(Standartelied vo der
Füsilierkompanie III/37)*

Der General het kommandiert:
«Soldate, jitz wird abmarschiert!
Heit d Fahne höch, näht ds Gwehr i d Hand
U schützet üses schöne Land!»

Mir vo der dritte Kompanie
Si stolz u stande gleitig y,
D Standarte isch i starcher Hand
U lüüchtet still uf ds wyte Land.

Jitz sy mer furt vo Huus u Hei
U schufle Härd u pickle Stei,
U jede weis, um was es geit,
U treit mit Fröid sys Ehrechleid.

Mir vo der dritte Kompanie
Uf üsne Pöschte wachsam sy,
Im stille jede für sich seit:
«Herr General, mir sy bereit!»

Nächti scho, aber hütt nümme

E heiteri Episode us em Aktivdienscht 1939/45

Dass währed der Aktivdienschtzyt üse General näbe Ärnschtem u Sorgevollem o viil Schöns u Gfröits u sicher o mängs Heiters u Luschtigs erläbt het, das söll folgendi Episode, wo sech ei Herbscht im Zugerländli zuetrage het, bestätige.

Dennzumale het es Oschtschwyzer Infanterieregimänt sy Ablösigsdienscht i sälber Gäged absolviert. Der Regimäntskomandoposchte het sech nid wyt vom Zugersee im Saal vomene bhäbige Landgaschthof befunde. D Offizier hei ihre Ässruum im erschte Stock obe gha. Bständig het öpper uf em Kommandoposchte müesse sy, o währed der Nacht.

Ei Aabe, wo d Offizier vom Regimäntsstab bim Nachtässe sy gsi, het im Büro unde ds Telefon gschället. D Büroordonnanz Zübli het der Hörer abgno u sech mit der militärische Telefonnummere gmäldet.

Der Gfreiti Zübli isch nid weeni erchlüpft, wo sech am anderen Ändi vom Draht en Offizier us em Houptquartier vom General z erchenne git u sech erkundiget, ob der Regimäntskommandant umewäg syg. «Ja», git er zur Antwort, «di Here vom Stab sy grad am Nachtässe.»

Der Offizier vom Generalshouptquartier seit druuf: «Rüeffet der Regimäntskommandant a ds Telefon, der General möcht persönlech mit ihm rede.» D Ordonnanz Zübli leit der Hörer ufe Tisch, rennt use, für im erschte Stock oben em Oberscht z mälde, dass ne der General a ds Telefon verlangi.

Won er zur Bürotür uus wott, chunt i däm Momänt der Wachtmeischter Witzig cho ychezschiesse. Beid plötsche fasch zäme.

Der Wachtmeischter, wo vo jehär gäng echly gwundrig isch gsi, gseht, dass d Büroordonnanz ufgregti isch u fragt: «Was isch los, Zübli, dass de däwäg im Schuss bisch? Brönnt's oder wott e

Chue chalbere?» Dä git närvös zur Antwort: «La mi düre, der Regimänter sött sofort a ds Telefon cho.»

Der Gwunder het der Wachtmeischter gstoche. Är geit tifig zum Bürotisch, nimmt der Hörer i d Hand u mäldet: «Hie Regimäntskommandoposchte, Wachtmeischter Witzig.»

Underdesse het sech uf der Gägesprächstation e Personewächsel vollzoge gha, u düre Draht het's dütlech tönt: «General Guisan.»

Aber Wachtmeischter Witzig het vermuetet, es syg der Fäldweibel vomene unterstellte Batalion, wo d Stimm verstelli. Beid hei us lutter Gspass gäng öppen enand zum Narre ghalte. U de isch es glägetlech passiert, dass der eint oder ander vone ychegheit isch.

Dass es jitz uf kei Fall der General chönn sy, dervo isch Witzig überzügt gsi. Är het für sech ddäicht: ‹Dasmal trappen i dir nid i Lätsch wi ou scho›, u seit churz u bündig: «Mach doch nid d Chue!»

Vo der Gägesyte het's zum zwöitemal ganz dütlech tönt: «General Guisan.» O jitz het sech der vorwitzig Wachtmeischter nid i ds Bockshorn la jage u rüeft zrügg: «Gib mer doch nid e settige Schmaren aa!»

I däm Momänt isch der Regimäntskommandant ychecho. Gleitig het der Wachtmeischter der Hörer abgleit u sech aagmäldet. Won er gseht, dass sy Vorgsetzt fasch echly ufgregt der Hörer ergryft, isch är synersyts i ne Zwyfel cho.

U wi ne Schreck isch es ihm undereinisch dür d Glider gfahre, wo der Regimänter tatsächlech der Aarüeffer mit General aagredt het. — Wachtmeischter Witzig isch duuche worde u het sech verzoge.

Zum Regimäntskommandant het der General gseit: «Hören Sie, Herr Oberst, ganz zufällig komme ich morgen in die Gegend von Zug, und da möchte ich die Gelegenheit benützen, einen kurzen Besuch bei Ihnen zu machen, um Ihre Truppe bei der Arbeit zu sehen.»

Dusse vor em Gaschthof isch Wachtmeischter Witzig amene andere Unteroffizier begägnet. Är het ihm verzellt, dass ihm allwäg en unghüüre Schnitzer passiert syg u dass das, so sicher wi numen öppis, wärdi es Nachspiil ha.

No am glychen Aabe het der Oberscht vom ungwöhnliche Gspräch zwüsche sym Wachtmeischter — won är übrigens als ne zueverlässige u fähige Unteroffizier gschetzt het — un em Oberkommandierende vo der Armee verno.

Am folgende Tag isch, wi aagchündet, der General im Zugerländli erschine u het d Truppe bi der Usbildisgarbeit besichtiget. Är het sech am Schluss vo der Inspäktion gägenüber em Regimäntskommandant güsseret, är heig e rächt positiven Ydruck übercho u chönne feschtstelle, dass e guete Geischt vorhande syg.

Nach däm churze Truppebsuech isch der General vom Regimäntskommandant zum Mittagässe yglade worde. Si hei mitenand militäreschi Problem besproche. Gly einisch het der General ds Blatt umgchehrt u vo heitere Begäbeheite aafa brichte.

Un ufdsmal seit er mit eme verschmitzte Lächle zum Regimäntskommandant, däm er glychzytig liecht uf d Achsle gchlopfet het: «Und jetzt etwas ganz anderes, Herr Oberst. Sie haben in Ihrem Regiment einen Wachtmeister, der nicht glauben will, dass ich General bin. Ich möchte diesen mal sehen; bitte, rufen Sie ihn zu mir!»

Jitz isch's undereinisch still am Ässtisch worde, u mi het ganz dütlech e chlyni Spannig gspürt. Der Regimäntskommandant het sym Adjutant befole, der Wachtmeischter Witzig la häre z beordere.

Churz druuf isch dä im Ässsaal erschine, het sech sälbschtsicher vor em General poschtiert, e rassegi Achtigstellig aagno un i flotter Haltig u bestimmt gmäldet: «Herr General, Wachtmeischter Witzig!»

I däm Momänt het me nes fyns Schmunzle vom Gsicht vom General chönnen abläse u fasch so öppis wi nes schelmigs Zwinkere. Us beidem het me nes härzlichs Wohlwolle gspürt.

Der General muschteret dä stämmig Wachtmeischter u seit nach eme Rüngli: «Na, Sie sind also der Wachtmeister, der nicht glauben will, dass ich General bin.» Ohni sich lang z bsinne, het Witzig früsch u cherzegrad ufgrichtet gantwortet: «Nächti scho, aber hütt nümme, Herr General!» Ar Tischrundi het's bi däne Worte es heiters Lache ggä.

No einisch het der General der Wachtmeischter vo unde bis obe gschouet u druuf gseit: «Gut, Sie können abtreten.» Wacht-meischter Witzig het sech abgmäldet u der Ässsaal verlaa.

Jitz het sech der General gäge Regimäntskommandant gwän-det u zuen ihm gseit: «Herr Oberst, ich werde dafür sorgen, dass dieser Wachtmeister in meinen persönlichen Stab kommt. Ich denke, dass Sie nichts dagegen einzuwenden haben.»

Der General het's tatsächlech ärnscht gmeint; dä Unteroffi-zier het ihm gfalle. U richtig, wo füre Wachtmeischter Witzig der nächscht Ablösigsdienscht fällig gsi isch, het er sy Tornischter packt un isch im Houptquartier vom General ygrückt.

Üses Bärnerland

Wi schön isch üses Bärnerland,
Wi früntlech u wi nätt:
Es niders Dorf gseht suber uus,
U heimelig sy d Stedt.

Vom rächte Pfyffeholz sy d Lüt,
Hei gsunde Heimatsinn;
Si sy verwachse mit em Land
U wohl isch's jedem drinn.

Drum wei mer einig zämehaa,
Wei ystah für enand
U Tröji halte Tag für Tag
Em schöne Bärnerland!

's möcht Fride wärde!

Es glitzere wi chly Latärne
Am Himelszält viil guldig Stärne,
Un unde uf de bleiche Matte,
Da steit der Tod im chalte Schatte.
Sy Sägesse het bluetig Fläcke,
U rotversprützt sy d Mantelfäcke;
Rouchfahne über d Wälder stryche,
Si schlyche über Schutt u Lyche.
Vom Wald här gseht me's füürig blitze,
Der Tod tuet d Ermel hindrelitze,
Är schwingt der Stahl, u jungi Läbe
Erlösche win im Spätherbscht d Räbe.
Es glitzere wi chly Latärne
Am Himelszält viil guldig Stärne,
U mängi Mueter uf der Ärde
Tuet bätte, 's möcht gly Fride wärde.

Mohnblueme

Verwiche bin i amene Sunntigmorge der Blattacher oberhalb em Seftigdörfli zdüruuf gstaabet. Am Waldrand obe han i mi uf ne Boumstrunk gsädlet u ha i dä schön u fridlech Summermorge usegstuunet. Under mir zueche, etlang emene schmale Charrwäg, isch es wüeligs Chornfäld gläge. Hunderti vo Mohnblueme hei wi chlyni Füürflämmleni us em saftige Grüen vom no nid ryffe Chorn züntet. Es isch grad gsi, wi wen öpper hätti gross Bluetstropfe über dä schön Gwächsacher gsprängt. Ja, Bluetstropfe — füürigrot Bluetstropfe... Ab allem Luegen u Stuune isch mer ufdsmal en alti germanischi Sag wider i Sinn cho. Vili Jahr isch es sider här, dass mer se albe ds Grosmüeti verzellt het. Di Gschicht het mer sälbisch so guet gfalle, dass se nie vergässe ha.

Liebe Läser, we de grad nüüt Pressierigs hesch u nid rächt weisch, was aazgattige, so hock doch echly näbe mi, i will dir gärn die Sag verzelle.

Wi de wahrschynlech scho ghört hesch, hei di alte Germane ggloubt, ihrer Götter wohni amene wunderschönen Ort über de Wulche, in Asgard. Der höchscht vo däne Götter het Wotan gheisse u sy Frou Holda. Si hei e Suhn gha, Baldur, vo däm me gseit het, er sygi so schön wi d Sunne.

Einisch het du öpper prophezeit, sobald dass Baldur stärbi, wärdi ds Götterrych undergah. Das het de Götter Angscht gmacht, u d Frou Holda isch ei Tag uf d Ärden acheggange, het alli Pflanzen ufgsuecht, u jedi het ere müesse schwöre, dass keni vone Baldur wölli töde. Alli hei's versproche. Nume ne einzegi het d Frou Holda vergässe z frage; das isch d Mischtle gsi.

Fröidig isch jitz d Frou Holda zrugg nach Asgard gfahre u het de Götter gmäldet, ihre Suhn wärdi nid stärbe. Die hei schier nid chönne gloube, dass Baldur unverwundbar sygi. U für z luege, ob öppis a där Sach sygi, hei si zmornderisch mit Speere u Pfyle us allergattig Holz uf Baldur gschosse. U richtig! Keine het ne verletzt.

Under de Götter isch eine gsi, wo Loki gheisse het. Är het numen eis Oug gha u isch derzue falsch u hinderlischtig gsi, dass nüüt eso. Loki het Baldur ghasset wi Gift u het ihm sy Hübschi nid möge gönne.

Da het er sech ei Tag i nes alts, verlumpets u verhudlets Bättelfroueli verchleidet, isch zur Frou Holda gnoppet, het grüüseli gchlagt u bbyschtet u gwehberet. Bi allem Brichte sy si ömel o uf Baldur cho z rede, u ohni öppis Schlimms z däiche, het jitz d Frou Holda usplapperet, dass si vergässe heigi, der Mischtle der Schwur abznäh.

Gly druuf isch der verchleidet Loki wytersggange, schnuer-stracks uf d Ärden ache, het e Mischtlezweig gsuecht u druus e Pfyl gmacht. Dä het er em blinde Gott Hödur bbracht un ihm gseit, är söll ne uf Baldur schiesse, är wöll ihm derby scho hälfe.

Hödur het der Boge gspannet, der Pfyl isch dür d Luft gsurret, het Baldur i ds Härz troffe — u tod isch er z Bode gfalle.

Wo das d Götter gseh hei, hei si aafa chlage u jammere, dass me's i ganz Asgard ghört het.

Füürigrot isch ds Bluet us Baldurs Härz cho z sprütze, isch ume Thron vom Wotan gflosse u druuf uf d Ärden achetropfet. Un überall, wo ne Tropfe hiigfallen isch, syg's i nes Chornfäld oder i ne Chleeacher, het d Frou Holda bluetroti Mohnblueme zum Aadänke a ihre lieb u hübsch Suhn la wachse. U siderhär blüeit alli Jahr i üsne Chornfälder bluetrote Mohn un erinneret üs a Tod vom sunneschöne Wotansuhn Baldur.

Wohär?

Es sunnelet um ds Hüsli
U schmöckt vo Meierysli;
Es Finkli flügt i Rosehag
U jublet lut i guldig Tag.

Der Roggen isch errunne
U wärmt si a der Sunne,
U d Wyde, wo am Bächli steit,
Es chöschtligs Sametchleidli treit.

Am Rain Pfyfolter schwäckle;
Si tüe desumefäckle
U chüschele de Blüemli zue,
Es gäb jitz wider Sunne gnue.

I ghören über ds Riedli
Es fyns u hübsches Liedli,
U numen ig alei weis Bscheid,
Wohär der Luft das Liedli treit.

Späti Zyt

D Strüüchli tüe sech rot verfärbe,
Uf de Matte d Blüemli stärbe,
Un im Tal es Gloggeglütt
Mahnt is a di späti Zyt.

Mängem, wo no ersch bi Chräfte,
Fählt es hütt a gsunde Säfte.
Un är gspürt, dass Bei u March
Müed jitz sy u nümme starch.

I de Bärge tuet's scho schneie,
Gly tüe d Blettli achegheie;
Wär jitz Schärm het u nes Hei,
Angschtet nid, er blyb alei.

Aber die, wo a de Strasse
Hungrig warte u mit nasse
Ouge zu de Stärne gseh,
Hei jitz ds Härz voll Leid u Weh.

Der Guldschatz im Bälpbärg

Vor viilne hundert Jahre söll im Bälpbärg e grosse Huuffe Guld versteckt worde sy. Dä choschtbar Schatz isch im Bärg inne uf eme grüüselige Wage ufbbige gsi, u mängisch isch es vorcho, dass Lüt, wo ir Nacht am Bälpbärg verbyggange sy, ganz dütlech us der Töiffi es Tschäder, Grassel u Lärmidiere verno hei. Elter Lüt hei tüür u fescht bhouptet, dass i jeder Oschternacht schlags zwölfi gäg der Gälterfingesyte zue d Felswänd usenand gönge u ne silberbschlagni Diechsle es Bitzeli zum Vorschyn chömi.

Es paar gwundrig Bursche, wo ömel o eismal ir Oschternacht sy ga luusse, hei bhertet, si heige sogar us eme Felschlack füre ds Guld gseh lüüchte u glitzere.

Das Bricht het o ne schützlech zämehäbige u gyttige Buur, wo uf em Bälpbärg ghusaschtet het, verno. Är het sech i Chopf gsetzt, ir nächschte Oschternacht göng är mit syne Rosse zur Bälpbärgflue a der Gälterfingesyte u probieri der Wage, sobald d Diechsle zum Vorschyn chömi, mit syne chreftige Rossen us em Bärg z schrysse.

Sy Plan het er niemerem verrate als sym schittere Grosmüeti. Das isch aber vor Chlupf fasch gstorbe, het di verwärchete Händ über em Chopf zämegschlage u gseit: «Nei, nume daas nid! Nume daas nid! Mach's nid! Es chunt nid guet use, i säge der's! Los uf mii! Du bisch nid der erscht, wo Gluscht nach em Guldschatz im Bälpbärg het übercho. Scho früecher hei's ander probiert. Mänge vo ne isch nümme zrüggcho, u viilne isch es drufache gar bodebös schlächt ergange. Ds Unglück het se verfolget uf Schritt u Tritt. U warum? Lue, dä Guldschatz isch verhäxet. E Fluech chläbt an ihm. Sit viilne hundert Jahre bewacht ne e böse Geischt, u nume dä cha ne gwinne, wo keis Stärbeswörtli redt, wen er mit em Wage us em Bärg use wott fahre.»

Der Buur het sys Grosmüeti la brichte. Mit vierne chreftige Rosse u vierne stämmigen Ochse, mit nöie Chömet u nöiem Gschiir u mit dicke Chöttene u grobe Wälleseilene isch er ir

Oschternacht der Flue zue. Mit ihm isch e Geischterbanner ggange. Wo si i d Näächi vor Felswand cho sy, hei si sech hinder höchem Gstrüpp u Gstüüd versteckt u sech müüslistill gha. D Zyt het gar nid ume wölle. Äntliche het's uf der andere Syte vom Gürbital zwölfi gschlage. Der Buur u der Geischterbanner hei gäge d Felswand gspanyflet, u beidne isch es uheimelig vorcho. Em Buur het ds Härz aafa chlopfe u pople.

Da — ufdsmal ghört me ne unerchante Chlapf u nes grüüseligs Tschäder u Poldere. Der Bode zitteret. Prezys mit em zwölfte Schlag git's e handbreite Spalt dür d Felswand ache, es schwäfelgälbs Liecht züntet füre, u jitz gseht me ganz dütlech d Diechsle vom Wage langsam u süüferli us der Fyschteri fürecho. Im Mondschyn glitzere di schwäre Chöttene u ds Silberbschleg.

Der Buur fasset Muet. Är springt mit syne Rosse u den Ochse zueche, spannet tifig aa u chlepft mit der Geisle. Di acht Tier lige i d Stricke u schrysse u sperze. Der Geischterbanner macht es paar beschwörendi Handbewegige, u won er gseht, dass es mit em Wage nid rächt vorwärts wott gah, springt er hurti zueche, gryft i d Speiche u hilft nache, so guet dass er ma. Wo der Wage halb vorussen isch u ds Guld i der Mondheiteri lüüchtet wi Füür, meint ufdsmal der Buur zum Geischterbanner: «So, no ne Ruck, de hei mer's !»

Chuum het er di Wort gseit, git's e zwöite schröckliche Chlapf, der Ärdbode zitteret, d Ross u d Ochse ergelschtere, der Wage fahrt hindertsi i Bärg zrügg, u der Geischterbanner samt allne Tier isch mitgrisse worde. Der Buur het's gar uflätig überrieschteret, u won er äntliche ume isch zgrächt gschnaagget gsi, het's über em Bälpbärg aafa tage.

Ir Felswand het me keis Chleckli u keis Spältli meh gseh, u der Buur, wo ggloubt het, nid uf ds Grosmüeti müesse z lose, isch nie meh zu so schöne Tier cho. Är, wo het wölle schnäll rych wärde, isch jitz arm u ärmer worde. Ungfeel ir Familie un Unglück im Stall hei ne schliesslech zum Irrsinn tribe.

Aabeliedli

's wott dussen Aabe wärde;
Es Stärnli fallt uf d Ärde,
Es flügt de fyschtre Bärge zue,
Verschwindet hind're höche Flue.

Es Rehli chunt cho z springe,
I ghören öpper singe,
Mys Härz wott nümme lysli schla —
I gseh dür ds Fäld es Meitschi gah.

Längizyti

Am Himel Stärnli schyne,
Viil tuusig, gross u chly;
Dür ds Fänschter gseh si yne
U luege früntlech dry.

E Silberschleier breitet
Sech lysli über d Stadt;
Dür d Aabestilli gleitet
E Gloggeton gar matt.

I luege truurig ueche
A ds wyte Himelszält —
Weisch, was i dert tue sueche?
Weisch, was mym Härz wohl fählt?

Üse Chlyn

Am Morge, wen i früe ufstah
U zu mym chlyne Büebli gah,
De lacht's mi lieb u heiter aa
U tuet vor Fröid i d Händli schla.

Es zablet, sperzt u schlängget d Bei
U plöiderlet scho allerlei;
U bringt ihm ds Müeti Haberbrei,
De macht my Chlyn es grüüsligs Gschrei.

De öppe git's o mal es Pläär,
Es schröckligs Gjammer u nes Gchäär,
Är briegget, chlagt u byschtet schwär
U macht für nüüt es schützlechs Gschäär.

Es Lämpli brönnt

Es Lämpli brönnt um Mitternacht
U lüüchtet häll zum Fänschter uus —
Es Möntscheläben isch erwacht
Im alte, wätterbruune Huus.

Es Lämpli brönnt um Mitternacht
U flackeret ganz züntigrot —
Ir Stuben inn het öpper Wacht,
Dür ds Fänschter yche luegt der Tod.

So geit's. Das, was der Herrgott git,
Es isch nid Bsitz, 's isch nume Pacht.
Es nimmt's en andre wider mit,
We ds Lämpli brönnt ir fyschtre Nacht.

145

Ds Blauseeli

Obehär Mitholz im Chandertal, wo der alt Soumwäg vor
viilne, viilne Jahre i Chehren u Schleiffe de Hänge nahgfüert het
u sälb Zyt no weeni Möntsche die Gäget bewohnt hei, isch ei
Aabe bim Vernachte es glitzerigs Guldstärnli fasch grediache uf
enes chlys Wäldli gheit. Über eme stille Bärgseeli, wo zmitts i de
fyschtere Tanne glägen isch, het ds Stärnli der Glanz verlore un
isch verlosche.

Vo der Talsyten ache het me druuf us em Kapälleli, wo under
ere turmhöche Flue gstanden isch, es Silberglöggli ghöre lütte.
Der alt Louenesenn isch vor der Hütte uf eme Holzbänkli
ghocket u het mit Andacht em Glütt zueglost u d Händ über-
enand gleit.

Jitz isch der Mond wi ne füüregi Schybe hinder em Dünde-
horn fürecho u het e hälle Schyn übere Talchessel usbbreitet, so
dass me fasch jedes Tannegrotzli erchennt het. U wi nes Silber-
band het sech d Chander zwüsche huushöche Steine düre-
gschlänglet u mit ihrem wilde Ruusche ds Aabelütte übertönt.

Ufdsmal het's der Aaschyn gmacht, der Mond verdrähji es
bitzeli syner Ouge u blinzli mit eme guetmüetige Lächle uf ds
Tannewäldli ache, wo drüber vor eme Wyli es Stärnli verloschen
isch.

«I sött däich der Vorhang zie oder der Dache echly zrügg-
schrube, we Wandfluechrischte mit sym Elsigmädeli dert unde
im Wäldli fasch nid vo Fläck chunt wäge sym Süessholz-
raschple», het der Mond zue sech sälber gseit un isch hinder nes
graus Wülchli grütscht.

Janisgwüss, so isch es gsi. Der Mond het sech nid verluegt.
Vowäge, für ihn isch das kei Nöjigkeit gsi. Scho meh het er di
zwöi bluetjunge Lütli beobachtet, we si am Sunntigzaabe sälb-
ander im Talgrund unde dür ds Tannewäldli träppelet sy, schön
ordeli näbenand, Schritt für Schritt — u di längscht Zyt, ohni es
Wort z säge.

Elsigmädeli isch ds schönschte Meitschi gsi im Chandertal,

eifach, nüüt Herrscheligs a sech u früsch wi nes Bärgblüemli, dass me het müesse stah u stuune un ihm nacheluege, wen es eim begägnet isch.

Ds Chöpfli heiter u blüejig wi nes Alpeveieli, d Haar flachsgälb wi Ankebälleli oder wi purlutters Guld, we d Sunnestrahle über se gstrychlet sy. Der Körper vomene glychmässige Wuchs, dass me hätt chönne meine, der Herrgott heig mit eigete Händ u mit ere bsundere Hiigab dranne gschaffet u gformet.

U de ersch d Ouge! Wi hei die glänzt, vo innen use glüüchtet u Wärmi verströmt! Vomene sältene u märlihafte Blau sy si gsi, eso apartig, wi us em Himel gstoche, züntiger als en Enzian u lieblicher als es Vergissmeinnicht.

U dryluege het Mädeli chönne mit dänen Ouge, dass es eim ir Bruscht, ob me sech dergäge gwehrt het oder nid, warm u gschmuech isch worde, u dass öppis im Härzgänterli inne het aafa gramsele u wärche u sech nid het wölle stillhaa.

Nid nume di junge Bursche vom ganze Tal hei Mädeli nahgstellt, sogar vom Underland ueche sy Heresühnli cho, für ihm der Hof z mache. Es het ne aber nüüt abtrage. Höchschtefalls hei si der Hübu chönne la hange u unverrichteter Ding ume ds Tal uus zöttele.

Elsigmädeli het sys füürige Härzli scho längschte Wandfluechrischte, em jüngschte Suhn vom Meischtersenn uf der Öschinenalp, verschäicht gha. Un es het bi wytem nid dra ddäicht, em Chrischte vorzschla, är sölli's zrügg gä, är heig's jitz lang gnue gha u ghöre chlopfe. Ömel sälb Aabe wär ihm so öppis gar nid z Sinn cho, u Chrischte hätt's im Ougeblick o nid chönne etmangle.

Das chönnt hütt no der Mond bezüge. Nid für nüüt het er es Wulchevorhängli zoge u hinder däm düre der Wäg gäge d Howang gsuecht. Är het wohl gseh, dass di beide dert unde im Wäldli ohni ihn uschöme u dass nid z förchte syg, si chönnte enand öppen i däne grüüselige Felsblöck, wo zwüsche de Tanne gläge sy, verliere.

Jitz sy Chrischte u Mädeli bim Waldseeli aacho. Es paar gwunderegi Stärnli hei sech im Wasser gspieglet. Bi re Erlestude, ganz naach am Ufer, isch es Schiffli aabbunde gsi. Chrischte het's glöst, d Rueder usgleit u druuf Mädeli mit syne starchen Arme i ds Schiffli glüpft.

Won er di chöschtlegi Lascht süüferli abgsetzt het u derby Mädelis warm Aate wi der heiss Föhn über sys sunnebruune Gsicht gfahren isch u ne es Löckli vom Guldhaar gstrychlet het, sachtli wi ne fyni Hand, da isch Chrischte ds Bluet wi ne Füürstrom düre Körper gruuschet, un er het Mädeli eso fescht a sech ddrückt, dass ds Schiffli gwaggelet u chlyn Wälle gschlage het.

I däm Momänt het der Mond, dä alt Gluschti, doch nid anders chönne, als hurti dür nes Wulcheläöchli z glüüssle. Är het glächlet, mit den Ouge zwinkeret u vor sech härebbrümelet: «We nume vo däm Füür nid öppe no ds Schiffli aafat läue oder ds Wasser im Seeli warm u chochigs wird!» Druuf het er sech ume hinderegla u ddäicht, da syg wohl nüüt z ändere, me müessi settigem sy Zyt la; dä Jääss vergöng de o wi mängs anders.

Mittlerwylen isch ds Schiffli langsam mit däne beidne verliebte junge Möntsche über ds Wasser glitte. We d Rueder fürerschgriffe hei, sy glitzerig Perlen achetropfet, u ds Seeli het se gschlückt.

«Los, Mädeli», het Chrischte nach eme Rüngli gseit, «morn isch Alpufzug. I gseh di jitz de lang nümme. Aber häb kei Längizyti. Am Sunntig nach em längschte Tag chumen i vo der Alp ache u bringe dir es Büscheli Edelwyss vom Öschinegrat. U de göh mer wider zäme hiehäre uf ds Seeli.»

«Am liebschte chäm i grad mit», het Mädeli mit syr hälle Stimm, wo wi nes Silberglöggli tönt het, bscheidet, «aber äbe, es darf nid sy. Me het mi daheim nötig, d Mueter möcht alei nid bcho.» U bi däne Worte het es Chrischte gar tröihärzig mit syne sunnige Blauougen aagstrahlet.

Hübscheli het drufache Chrischte ds Schiffli gchehrt, gäge ds Ufer zuegha, 's dert bir Erlestuden aabbunde un isch mit Mädeli heizue träppelet, glückseliger als der rychscht Chünig.

Zmorndrisch het er ghulfe ds Veh uf d Öschinenalp trybe. Daheim under der Tür isch Mädeli gstande u het mit eme farbige

Tüechli gwunke, di längschti Zyt u ohni es Oug vo Chrischte z la, bis er mit der War im Wald obe verschwunden isch. No einisch het er sech umgchehrt u ne Jutzer zrügg gschickt. Lang no het me d Gloggen u Treichlen über ds Tal y ghört. Mädeli isch i sys Stübli yche u het dert für sich alei der Abschiid verwärchet. Nume d Arbeit het ihm i de nächschte Tagen über d Längizyti ewägg ghulfe.

Der Früelig isch vergange, u der Summer isch i ds Tal cho. Mit em Näächerrücke vom längschte Tag isch Mädelis Härz urüejiger worde. Di blaue Ouge hei ne merkwürdige Glanz aagno, u ds Gsichtli het en Usdruck gha, dass es eim nid schwärgfallen isch, z errate, wo Mädeli mit syne Gedanken isch gsi.

Am Sunntigzaabe nach em längschte Tag isch es schön ufpützerlet uf em Bänkli vor em Huus ghöcklet u het mit eme heisse Härzli Chrischten erwartet. «Bringt er mer ächt di versprochene Edelwyss?» het es für sech sälber ddäicht.

Jitz isch vom Wald ache ne Bursch i länge Schritte derhärcho. Mädeli het sech fasch d Ougen usgluegt. Under em Chittelbrüschtli isch es läbig worde. Ds Härz het ihm ddopplet zum Verspränge. Aber du het's müessen erchenne, dass es nid Chrischten isch. E Schatten isch ihm über sys rosige Gsichtli gfahre. Der Bursch het uf ihns zuegha. Jitz gseht's, dass er es Büscheli Edelwyss i der Hand treit.

Är isch näächer cho. Us Mädelis Ouge het d Angscht gluegt. U won ihm der Bursch d Blüemli eggägestreckt u mit zittriger Stimm seit, er bringi e böse Bricht, Chrischte syg bim Edelwyssne am Öschinegrat achegheit, da isch us Mädelis Bruscht e Schrei cho. Wi geischtesabwäsend isch es ufgstande un i sys Stübli ggange. Uf ds Bett het es sech gworfe, der Chopf i ds Chüssi vergrabe u pläaret, dass es e Stei hätt chönnen erbarme.

Wo's dusse gfyschteret het, isch es gäg em Seeli zue, ganz alei. Truurig isch es under de Tanne u zwüsche de grosse Felsblöck düre, won es mit Chrischte so mängisch ggangen isch.

Am Ufer aacho, het Mädeli mit zittrige Händ ds Schiffli losglöst, d Rueder ergriffe un isch zmitts uf ds Seeli use gfahre. Dert syn ihm d Rueder us de chraftlose Händ gfalle. Us em

Chittelbrüschtli het's druuf d Edelwyss zoge, u ei heissi Träne um di anderi isch uf d Blüemli achegheit u vo dert wyters übere Schifflirand uus i ds Wasser.

Obezueche isch der Mond gsi u het mit verwunderete Blicke uf ds Seeli achegstuunet. Was het er gseh? Di tuusig u abertuusig Tränli, wo us Mädelis Ouge grünelet sy wi nes Bärgbrünneli. Si hei d Farb vo Enziane gha u ds Wasser himelblau gfärbt.

Am nächschte Morge het Mädelis Mueter vergäbe nach ihrem Meitschi Usschou ghalte. I Ängschte het me's überall gsuecht. Ersch gägen Aabe het me's gfunde. Uf em Seegrund isch es gläge, zwüsche verschlammete Boumstämm. Sys fyne Gsichtli u d Händ sy blau gsi wi d Ouge. U ds ganze Seeli het i blaue Farbe glüüchtet. Uf de Wälle isch ds lääre Schiffli desumetribe, u dernäbe sy im Wasser verzatteret es paar Edelwyss gschwumme.

Chuum öpper weis meh warum, aber me seit däm stille Wasser obehär Mitholz im Chandertal hütt no — ds Blauseeli.

's het gschneit

's het gschneit i de Bärge, ir Nacht het es gschneit,
Si hei mer mys Schätzli zum Dörfli uus treit;
's het gschneit i de Bärge, 's het gschneit i der Nacht,
Ha d Bäckli ihm gstrychlet, 's isch nümme erwacht.

Jitz gahn i dür ds Dörfli, jitz gahn ig i d Wält,
Bim Chilchhof, dert blyb i nes Wyli no stah;
's het gschneit i de Bärge, im Wald, uf em Fäld,
Adee jitz, mys Dörfli, my Schatz — i mues gah.

Edelwyss

Gchuttet het's u ghützt u gwättret,
Won i bi i d Felse gchlättret;
Über stotzig Fluesätz ueche,
Bin i Edelwyss ga sueche.

Undereinisch, ganz wyt obe,
Het es ds Gwülch uf d Syte gschobe,
D Sunne het mit ihrne Strahle
D Felse guldig übermale.

Näbe mir am Steilhang hocke
Fyni Blüemli, wyss wi Flocke;
Müesam mues i d Arme strecke,
Bis se äntlech man errecke.

Ds Tal düruus bin i schier gsprunge,
Wo se ha mym Schätzli bbrunge,
Un im Dörfli het's scho ddunklet,
Stärnli hei am Himel gfunklet.

Längschte sy verby di Tage,
Won i d Blüemli hei ha trage;
Ds Meitschi isch i d Frömdi zoge,
Isch's mer ächt no immer gwoge?

I bi hei

Mueter, Vatter, tüet nid truure,
Plääret nid, i bi ja hei;
Zwüschen üs sy keini Muure,
Däichet nid, i syg alei.
Lueget zu de Stärnen ueche,
Müesst mi jitz dert obe sueche.

Wen im Früelig d Matte blüeje,
D Böim i wysse Blüete stah,
Wen im Summer d Rose glüeje,
Bin i öich gäng allne nah;
Ha jitz d Schmärze überwunde
U mys schönschte Plätzli gfunde.

Wen am Aabe d Stärnli schyne
Höch am stille Himelszält
U si ihre chöschtlig fyne
Guldglanz schütte über d Wält,
Luegen i vom Himel ache,
Was wohl myner Liebe mache.

Hüü, Fany, hüü!

Es Gschichtli us de Bärge

Amene sunnige Spätnamittag isch düre Laasbärgwald ueche ne Soldat gmarschiert. Är het e schwäre Tornischter bbugglet un isch mit ärschtige Schritte uf em holperige, steinige Waldwäg obsig gschuenet. 's isch Peter Ambüel gsi, der einzig Suhn vom Bärgbuur Gottfrid Ambüel uf der Tannegg.

Mi het ihm aagseh, dass er o innefür e Lascht treit u dass die ne meh drückt als der Militärtornischter.

Under emene breitschärmige Ahorn isch Peter blybe stah, het der Schweis vo der Stirne gwüscht u nes Wyli verschnuppet. Syner Gedanke sy amene ganz anderen Ort gsi, süsch hätt er allwäg nid vo Zyt zu Zyt der Aate töif undenueche gno u ne Blick gha, wi wen er i ne grossi Lääri gschoueti.

Jitz het Peter en aabbruuchte Zigarestumpe us der Patronetäsche füregchnüblet u ne aazüntet. Dernah isch er wyters.

Nach ere Halbstund isch er zum Wald us cho. E grossi Höimatten isch vor ihm aagstige, u der Bärgluft het ihm e Jaan vo chreftigem Gras- u Bluemeduft eggägetrage. U hinder der Matte het me der Rotstock u der Wätterfirscht gseh fürelüüchte. D Aabesunne, wo süüferli nidsig ggangen isch, het e chöschtlige Glanz um di breite, mächtige Felschöpf gleit.

Wo Peter Ambüel über di stotzegi Ougschtmattsyten ueche ggangen isch, het er syner Schritte müesse verlangsame. U wo gly druuf ds letschte Guld isch am Verlösche gsi, het's ne undereinisch ddüecht, es ligi e graui Schwärmuet uf em Bärgland, chömi a sy Syte z schlyche u tüei ihm d Seel überschatte.

Ds Heicho us em Militärdienscht isch für ihn dismal ekei bsunderi Fröid gsi. Är het gwüsst, dass daheim uf der Tannegg der Vatter chrank isch. Zurbrügg Alois, em Nachbuur sy Jüngschte, won ihm währed der Dienschtzyt der Vehstand bsorget het un em Vatter soviil als mügli bygstanden isch, het ihm i

Dienscht gschribe un am Schluss vom Brief aaddüttet, es sygi guet, dass er gly einisch etla wärdi.

Peter Ambüel het gwüsst, a was der Vatter lydet, un er het d Ursach vo däre Chrankheit scho längschte bchönnt. Wirtschaftlechi Not isch es gsi, wo ne plaget u ddrückt un ihm scho sit Monete d Gsundheit undergrabe het, gäng meh u gäng meh, grad wi nes Bechli, wo nes Bord underfrisst u's zletschtamänd zum Ystürze bringt.

Vor Jahre het's aagfange. Sälbisch isch ds Krisegspängscht umeggange. Nid nume i d Stedt het es Not u Eländ bbracht un i mänger Chammere un armseliger Bhusig e breite Ruum ygno, nei, es isch o uf em Land uftoucht, isch i di abglägnigschte Täler gschliche, het ghuset wi ne Süüch u het Chummer u Sorge bis höch ueche i di chlynschte u schitterschte Alphüttli trage.

Das unheimliche u gförchtete Gspängscht het o der Wäg uf d Tannegg gfunde. Undereinisch isch es da gsi, het aagchlopfet u sech um alls i der Wält nümme la vertrybe. Alls Wehre isch vergäbe gsi.

Der Vatter Ambüel het sy ganzi ubbrochni Chraft zämegno u gwärchet u gschunte vom früeche Morge bis wyt i d Nacht yche. Vo eim Stärneschyn zum andere isch ghüschteret worde. Aber alls Husen u Raggere het weeni u nüüt abtrage. D Schulde sy gstige u d Zinse hei aafa drücke. 's isch gsi, wi we ne yschige Gletscherluft d Läbesfröid u d Arbeitschraft wetti z Schande mache.

Mi seit öppe, dass sälten eis Ugfeel alei chömi. Das het o uf der Tannegg obe zuetroffe.

Zu allem Schwäre, wo der Vatter Ambüel het z trage gha, isch no ne Bürgschaft cho, wo uf ihm glaschtet het wi nes Bleigwicht. Gly druuf isch der Chrieg usbbroche u het nöji Sorge bbracht. Peter, der einzig Suhn, wo em Vatter bilängerschi meh hätt chönne bystah u Hand aalege, het a d Gränze müesse.

Da isch em Tanneggbuur nüüt anders übrigbblibe, als mit früschem Muet wi ne Junge i d Stricke z lige. Är het's probiert. Aber im Innerschte het er gspürt, dass es mit syne Chräfte hübscheli nidsig geit u dass es äbe viil meh bruucht, um d Not z überwinde, als mänge däicht, wo nie uf eme settige steinige Wäg het müesse gah.

Der Vehstand, wo sowiso nie isch grosse gsi, het aafa schwyne. Un im vergangene Jahr het der Tanneggbuur, um syne Verpflichtige chönne nachezcho, uf Martinstag e gueti Milchchue müesse verchouffe. Das isch gsi wi ne Stich i ds Härz.

Siderhär isch der Vatter Ambüel stiller worde u het weeni meh mit anderne Lüte bbrichtet. Wo Peter nach em letschten Urloub umen ygrückt isch, het er gmerkt, dass em Vatters Burdi gschwäret het.

U jitz, won er äntliche nach ere länge Dienschtzyt isch hei etla worde, isch's für ihn keis Rätsel gsi, wär sym Vatter d Gsundheit bbroche u ne a ds Chrankebett gfesslet het. Bi all däne Gedanke het Peters Härz chreftiger aafa schla, un es isch öppis i sym Innere läbig worde, won ihm wehta u ne glychzytig uzfride gmacht het. Schier hässig het er ufdsmal der erchaltet Zigarestumpe imene grosse Bogen ewägbbängglet u nes paar uverständlechi Wort füreddrückt.

Jitz het Peter öppis ghört. Är isch blybe stah u het um sech gschouet. Im glychen Ougeblick isch zwüsche zwone Wättertanne, wo am Rand vom Fyschtergrabe gstande sy, e Maa derhärcho u het e Chue talwärts gfüert. E Momänt het Peter gstutzt. Drufache het öppis wi ne Fiebergluet us syne Ouge züntet, u sy ganz Körper het aafa zittere. Der Maa isch näächer cho. Peter Ambüel het ne nid bchönnt, aber er isch uf ihn zue, gleitig u ganz veränderet, u inere starche Ufregig het er grüeft: «Das isch ja der Blösch, üsi beschti Chue!»

Ds Tier isch blybe stah u het di ruuchi Zunge gäge Tornischter usgstreckt, für dranne z läcke. Peter het ihm, wo's ne mit grossen Ouge guetmüetig aagluegt het, d Hand ufe Chopf gleit u der Frömd gfragt: «Was isch los mit däre Chue? Wiso chunt die us üsem Stall? Gib Bscheid!»

«Mir ghört si jitz», het er mutz zur Antwort übercho, «ha lang gnue uf ds Gäld gwartet, wo mer dy Tratt schuldig isch.» Dermit het der Frömd am Hälslig zoge, u der Blösch isch ihm nachetrappet.

Wi aagnaglet isch Peter blybe stah, di längschti Zyt. Es het in ihm gchochet. Wo beidi bim Laasbärgwald unden aacho sy, het der Blösch no einisch der Chopf gäge d Ougschtmatten uecheddrähjt, u druuf sy si im Wald verschwunde.

«Pfändet!» het Peter Ambüel hert u imene bittere Ton vor sech häregseit un isch druuf der Tannegg zue.

Gäng vo nöiem het ihm der Aabeluft e wohlige Bärgbluemeduft zuegfächlet. Ringsum i de Matte hei d Grille musiziert. Blaui Schätte hei überall aafa wachse, sy höcher u höcher gstige, hei di glaarige Farben uf de Bärgmatten usglösche, sy zletscht ufe Rotstock un ufe Wätterfirscht uechegchlätteret, hei uf allne Flüene u Felschöpf ds Aabeguld zueddeckt u d Bärggipfle süüferli i fyschterlochtig Wäll u Zagge verwandlet.

Wo Peter Ambüel daheim isch aacho, het er der Vatter im Bett aatroffe. D Frou Zurbrügg, em Alois sy Mueter, het zuen ihm gluegt. Peter isch erchlüpft, won er vor sym fiebrige Vatter gstanden isch. Viil elter het er ihm gschune, u chraftlos isch jitz di verwärcheti Hand i syre gläge.

Druuf het Peter der Karabiner über em Ofe a d Wand ghäicht, der Tornischter uf ene Stabälle gleit un isch a Vatters Bett gsässe. Vom Militärdienscht het er aafa verzelle u was er alls erläbt heig. Vatter Ambüel het glost u weeni gseit. Sy Aate isch schwär ggange. Vo Zyt zu Zyt het er a d Wand uechegluegt, wo ds Bild vo syr verstorbene Frou ghanget isch. U jedesmal, we sy Blick dert druuf isch grichtet gsi, het der Glanz i syne Ouge gwächslet.

Nach em Nachtässe isch d Frou Zurbrügg heiggange, u Peter isch jitz alei ir Stube, wo nes eifachs Petrollämpli glüüchtet het, bi sym Vatter ghocket.

Ufdsmal het dä mit lyser, schwacher Stimm aagfange: «Peter, dy Mueter rüeft mer. I gspüre's, my Zyt isch ume. Meh weder dryssg Jahr syn es här, sit i vo mym Vatter sälig das Bärggüetli ha überno. Dy Mueter un i hei mit Flyss u Fröid gwärchet. Mir hei mängisch kei liechti Sach gha. Viil Hoffnige sy nid erfüllt worde. Aber d Liebi zu üser schöne Bärgheimat u ne starche Gloube — ghörsch, Peter, e starche Gloube — hei nis gäng ume nöji Chraft u nöie Muet ggä, u di letschti Hoffnig isch nie verloreggange, ou i de schwärschte Zyte nid.

D Not vo de letschte Jahre het my Läbesaabe verfyschteret. Üses Güetli isch verschuldet. Bis under ds Schindeldach sy im Huus d Sorge aagstige. Fasch gseht's uus wi nes Strafgricht — un i weis nid wiso. Am letschte Martinstag han i ne bravi Chue müesse härega, u hütt hei si mer es wyters Tier wäggno.

Peter, eso mues i dir d Tannegg überla. Du hesch e schwäri Burdi z trage, i weis es, u fyschter un ugwüss isch der Wäg i d Zuekunft. Peter, blyb starch! Du bisch no jung, u dyner Chreft sy nid verbruucht. Üses Bärgland het e steinige Bode; hie obe wähje ruuch Lüft. Nume starchi Möntsche chönne hie feschte Grund fasse, gloub mer's, Möntsche, wo innefür starch sy. U d Tannegg, Peter, gib se nid us der Hand, häb se gärn; u we's der schlächt sött gah, mach's win ig: Lue füretsi, Peter, füretsi!»

*

E paar Tag später het me der Vatter Ambüel ufe Fridhof use trage. Peter isch jitz Tanneggbuur gsi.

Mängisch, wen er am Aabe spät müeden i sys Lischebett gläge isch u ds Petrollämpli usglösche het, het er no lang mit offenen Ouge i d Fyschteri gluegt un über d Schulde nacheddäicht. Sys Läben isch ihm meh weder nid wi ne vertrappeti Hoffnig vorcho. Mängisch het er eifach kei Uswäg meh gseh. Aber gäng wider het er sech zämegno u het a Vatters letschte Wort ddäicht, un es het ne ddüecht, wi wen ihm öpper vo wyt här tät zuerüeffe: «Lue füretsi, Peter, füretsi!»

*

Ei Aabe, wo Peter im Wolfboden unde het Höigras gmähjt, isch vo der Susweid achen em Seelitalbuur sy Tochter, ds Vreneli von Allme, cho. Peter het's scho vo der Schuelzyt här bchönnt. Es isch es eifachs Meitschi gsi u het früsch u rosig usgseh wi züntig Bärgblueme.

Wo Vreneli von Allme mit ärschtige Schritten isch liechtfüessig übere Wolfboden y cho u der jung Tanneggbuur erlickt het,

157

rüeft es ihm mit ere heitere Stimm zue, wo tönt het wi nes Silberglöggli: «Hee, Peter, mach gly Fyrabe, du gsehsch's ja nümme!» Peter het sech em Vreneli zuegchehrt u bscheidet: «Zerscht mues di ganzi Matte gmähjt u ds Gras no hinecht gworbet sy, vorhär git's kei Fyrabe.» U mit emene veränderete Ton umene fründliche Lächle het er furtgfahre: «We's di öppe sött gluschte z hälfe, so han i nüüt dergäge. Lue, dertäne am Ahorn hanget e Holzgable u wartet scho lang uf di.»

«Das tät dir allwäg grad i Chratte passe», het ihm Seelitalbuurs Tochter zur Antwort ggä, «aber so tifig geit das nid. Säg zersch — was zalsch für ne Lohn?»

«Ja, luegt's da use? Vo so öppisem cha nid d Red sy», het Peter umeggä, «weisch, Schuldebuurleni vermöge's nid, e Lohn z gä; derfür müesse si no bim Stärneschyn wärche.» Us syne letschte Worte isch e bittere Ton usegstoche. Vreneli het derglyche ta, wi wen es nüüt merkti. Schnuerstracks isch es ufe Ahorn zue, u Peter het syne Ouge chuum trouet, won er gseht, wi Vreneli d Gablen ergryft u aafat worbe. Keis Wort isch gfalle.

Nach eme Wyli het Peter d Sägesse gwetzt, länger als süsch; derzue het er mit emene eigenartige Lüüchte i den Ouge verstole uf Vreneli gluegt. Wi ne Schwick het es d Madli vertromet un isch mit syr Arbeit rückig gsi. Peter het wyters gmähjt.

Hinder der Aabebärgflue füre isch breit u bhäbig der Mond cho güggele u het sys silberige Liecht über d Bärge, d Tannegg, übere Wolfboden u di beide junge Möntsche gschüttet. Mi hätt sech keis schöners Bild chönne vorstelle.

Wo sech der Mond bis übere Rotstock ueche het gschwunge gha, isch alls Gras gmähjt u gworbet gsi. «Vreneli, we de nüüt dergäge hesch, so begleiten i di bis achen i ds Seelital. Es isch ja scho spät.» Bi däne Worte, wo schier echly ne zittrige Klang hei gha, het Peter d Sägesse i Ahorn ueche ghäicht u d Gablen u ds Wetzsteifass under em Gras versteckt.

Vreneli het nöie nüüt yzwände gha u sech allem Aaschyn nah gar nid ungärn em Schicksal ergä, wi me öppe seit. U under sym Chittubrüschtli het ds Härz uschaflig lut aafa pöpperle u chlopfe, un es het ufdsmal öppis wi nes Füürli i sym Lyb gspürt. Un em

158

Peter isch undereinisch ds Läben o nümme vorcho wi ne vertrappeti Hoffnig. Si sy zäme i ds Tal achegstige, u mit eme breitlächerige Gsicht het ne der Mond nachegluegt u vo sym chalte Glanz uf sen achegschüttet, vowäge dass di Füürli, wo da i zwöine Möntschehärze hei aafa sprätzle u Flämmli schla, nid grad eis Gurts i d Höchi gönge.

Nach eme Wyli het i de fyschtere Tanne der Nachtluft aafa singe. Der Gsang isch stercher worde. Über em Wätterfirscht hei sech jitz schwarzi Wulche zämebballet u vore Mond e Vorhang ghäicht. Über d Bärgmatte het der Luft pfiffen u ghüület.

Verängschtiget het sech Vreneli a Peters Syte gla. Är het ihm der Arm über d Achsle gleit. Mit grosse, glänzige u heissen Ouge het es zuen ihm uechegluegt. Wi ne Ysechlammere het Vreneli jitz Peters Arm gspürt. Für ne Momänt het's d Angscht vor em Wätter, won im Aazug isch gsi, vergässe u het mit eme selige Lächle vo Peter es Müntschi eggägegno. «Jitz muesch halt doch no dy Worberlohn ha», het Peter gmeint. U wi im Troum het Vreneli i d Nacht use gflüschteret: «Peter!»

Mittlerwylen isch es stockfyschter worde. «Mir müesse süüferli uszie, es isch es Uwätter im Aazug», het Peter gseit u derzue gäge Rotstock un a Nachthimel uechegluegt.

Wo si äntliche im Seelital unde sy aacho, het's e Blitz ggä. Taghäll isch es für ne churze Ougeblick worde. Jitz sy schwär Tropfen i ds Gras gfalle. No einisch het Peter Vreneli i d Arme gno un isch dernah i länge Schritte bärguuf u heizue.

Ei Blitz het der ander abglöst; ganzi Chöttene sy am Nachthimel ufglüüchtet. U derzue het e wilde Sturm so schützlig aafa hüüle, dass es eim völlig ggruuset het. Wi us Mälchteren isch der Räge cho. Undereinisch het Peter vom Wätterfirscht här es uheimeligs Chroose u Donnere verno. D Angscht het ne packt. Är het gwüsst: Das sy di wilde Wasser, wo uf der Tannegg scho mängs Unglück aagreiset hei.

Peter isch im Sturm chuum vorwärts cho. Es het ihm der Aate verschlage. D Bei sy ermüedet u hei gschlotteret. Är het gspürt, wi ne d Chreft verla. U de wider isch's ihm gsi, wi wen ihm öpper us em Sturm tät zuerüeffe: «Hüü, Peter, hüü!»

159

Äntlech isch er uf em Wolfboden obe aacho. Är het ufdsmal der Wäg under de Füesse verlore. Zringsetum het er ds Wildwasser ghöre brüele. Jitz isch er über Steine gstolperet u z Bode gheit. I däm Momänt het e füürige Strahl der Wolfboden erlüüchtet. Der jung Tanneggbuur het syne Ouge nid trouet: Der Wolfbode, sy beschti Höimatte, isch verschüttet gsi! Es het ihm schier ds Härz wölle verschrysse. Mit Schmärze i de Glider het er ufgha un isch über Steine, Schutt u Schlamm heizue.

Ganz nah em Huus verby isch der Ärdschlipf ggange. Peter isch i d Stuben yche. D Bei hei ne chuum no trage. Im Stall hei d Chüe bbrüelet, u ds Ross het wüescht ta. Wi glähmt isch der jung Tanneggbuur über ds Bett y gheit u het der Chopf töif i d Chüssi ddrückt. So isch er blybe lige wi ne entwurzlete Boum.

Am andere Morgen isch Peter vor ds Huus gstande u het uf sy verschütteti u verwüeschteti Wolfbodematten achegluegt u derby a Vreneli ddäicht. Un ufdsmal isch's ihm gsi, wi wen er e Stimm ghörti: «Lue füretsi, Peter, füretsi!»

Nach em Fuetere u Mälche het er ds Ross a Brätterwagen aagspannet, isch i Wolfboden achegfahre u het aagfange Steine u Gröll uflade. Übere Hang ache sy gäng no verlorni Wässerli cho z gümperle u hei sech wi harmlos Silberfäde zwüsche de Steine düregschlänglet.

Wo Peter mit der erschte Ladig het wölle furtfahre, isch undereinisch Vreneli derhärcho. «Peter!» het's grüeft, isch ihm i d Arme gfalle u het bbrieget. Dernah het es sech zämegno, het mit nassen Ouge zuen ihm uechegluegt u gseit: «Häb Muet, Peter, i will dir hälfe!»

Un är, der jung Tanneggbuur, het lang i Vrenelis truurigen Ouge gschouet u drufache sy Blick gäge d Bärge grichtet. Wi sy si ihm jitz ufdsmal eso gross u gwaltig vorcho! Es het ne ddüecht, en unsichtbari Chraft strahl ihm vom Rotstock u Wätterfirscht eggäge u tüe ne innefür ufrichte.

Peter het mit der Geisle gchlepft u mit eme stille Lüüchten im Härze sym Rössli zuegrüeft: «Hüü, Fany, hüü!»

———————